Erhard Spacek

# Die neue böhmische Küche

# Die neue böhmische Küche

*und Weine aus Böhmen und Mähren*

Erhard Spacek

*mit Fotos von*

Sepp Eder

Amalthea

# Inhalt

# *Die böhmische Küche*

Die Küche, von der hier die Rede ist, müsste eigentlich »böhmisch-mährische Küche« genannt werden, denn Mähren gehört zu Böhmen – oder Böhmen zu Mähren. Wie das gesehen wird, kommt darauf an, ob man einen Menschen fragt, der aus Prag kommt, oder jemanden, der in Brünn zu Hause ist.

Die »böhmische Küche« war einst ein Begriff in ganz Europa. Aber ihr Ruf stammt aus einer Zeit, in der generell gehaltvoller und fettreicher gekocht wurde, als dies heute der Fall ist. Denn zum einen mussten die Menschen schwere körperliche Arbeit leisten und zum anderen galt eine etwas üppigere Figur keineswegs als Makel und schon gar nicht als gesundheitlicher Risikofaktor. Im Gegenteil: Gutes Essen galt als Statussymbol und die Folgen für die Figur letztendlich auch.

So wird die böhmische Küche heute oft als sehr schwer und fett gekennzeichnet, was aber im Grunde nicht ganz richtig ist. Denn in der Zeit, in die ihre Traditionen zurückreichen, im 18. und 19. Jahrhundert – war sie nicht schwerer und nicht fetter als andere, wenngleich eingeräumt werden muss, dass es sich bei der böhmischen Küche stets um eine bäuerliche und bürgerliche Küche gehandelt hat, die weitgehend frei war von höfischen Verfeinerungen.
Entsprechend dem geringeren Kalorienbedarf des modernen Menschen haben sich die anderen Küchen weiterentwickelt. In der österreichischen, italienischen, französischen, Südtiroler oder Elsässer Küche wird heute leichter gekocht als vor gut hundert Jahren. Der böhmischen Küche ist eine solche Entwicklung versagt geblieben. Den Umbruch in der Ernährungs- und Esskultur nach dem Zweiten Weltkrieg hat sie nicht mitvollziehen können. Schuld daran war das totalitäre Regime, das die in Böhmen und Mähren lebenden Menschen von der kulturellen Entwicklung des Westens weitgehend abgekoppelt hat. Und nachdem in kommunistischen Staaten der Mangel weitest-

gehend den Alltag dominierte, hatten die Böhmen und Mähren meist andere Sorgen als die Pflege einer kultivierten Nationalküche. Denn in einer Atmosphäre der Unfreiheit und Unterdrückung können Kunst und Kreativität nicht gedeihen – auch nicht in der Küche.
Dabei zählte die böhmische Küche einmal zu den angesehensten der Welt. Bis zum Zweiten Weltkrieg waren böhmische Spezialitäten in ganz Europa, aber durch die Auswanderung insbesondere nach Amerika auch in Übersee in der ganzen Welt berühmt. Besonders der Großraum Chicago war durch die hohe Konzentration von böhmischen Auswanderern eine Hochburg böhmischer Kochkunst. Im 19. Jahrhundert und bis in die Dreißigerjahre des 20. Jahrhunderts waren böhmische Köchinnen und Köche in gutbürgerlichen und adeligen Häusern von Wien bis Berlin unverzichtbar. Besonders die Wiener Küche der österreichischen k.k. Monarchie wurde durch die böhmische Küche stark beinflusst, und noch heute zehrt die österreichische Küche in beträchtlichem Maße von ihren böhmischen und mährischen Traditionen.

Ich glaube daran, dass die böhmische Kochkunst im vereinten Europa wieder den Platz einnehmen wird, der ihr gebührt. Denn mit der Freiheit wird auch in Tschechien und der Slowakei eine neue kulinarische Kultur Einzug halten, werden die Menschen zunehmend Freude an gutem Essen gewinnen und auf der Basis ihrer Küchentraditionen jene Kreativität entwickeln, die erforderlich ist, die böhmische Küche an die Erfordernisse einer gesunden, zeitgemäßen Ernährung anzupassen

Dass dies möglich ist, habe ich zusammen mit meinen Mitarbeitern in den vielen Jahren in meinem »Restaurant St. Wenzel« in München immer wieder bewiesen. In meinem böhmischen Kochbuch stelle ich Ihnen traditionelle Rezepte aus meiner Heimat vor, wie diese in meinem Restaurant zubereitet werden. Die angegebenen Mengen sind für vier Personen reichlich bemessen und reichen im Rahmen eines Menüs für sechs Personen.

Ich wünsche allen Lesern gutes Gelingen.

Ihr Erhard Spacek

# Suppen

# Böhmische Kartoffelsuppe

**Für 4–6 Personen**

Zutaten:
- 500 g fest kochende Kartoffeln (z.B. Nicola )
- 100 g Karotten
- 100 g Sellerie
- 50 g Stangensellerie
- 100 g Petersilienwurzel
- 3 Schalotten
- 2 Knoblauchzehen
- 50 g Butterschmalz
- 50 g Mehl
- 1 l Kraftbrühe
- 1/2 l Gemüsebrühe
- Majoran
- gemahlener Kümmel
- Salz und Pfeffer
- 70 g frische Steinpilze oder Egerlinge
- 10 g Butter
- 1 Bund glatte Petersilie

## Tipps

Sie können diese Suppe auch mit Fleischbrühe zubereiten. Eine klassische Kraftbrühe erhalten Sie, wenn Sie Fleischbrühe mit einer Mischung aus klein geschnittenem Rindfleisch, Hühnerklein und Eiweiß aufkochen und etwa 1 Stunde köcheln lassen. Meine in den Grundrezepten beschriebene Kraftbrühe ist einfacher zuzubereiten und schmeckt genauso gut.
Im Frühling ersetzen Sie den Knoblauch durch 15 Bärlauchblätter.

1 Die Karoffeln schälen und in etwa 1 cm große Würfeln schneiden. Die Karotten, den Sellerie und die Petersilienwurzel putzen, waschen und in etwas kleinere Würfel schneiden. Das Gemüse in etwa 1/2 l kochendes Salzwasser geben und etwa 5 Minuten garen. Nun die gewürfelten Kartoffeln zum Gemüse geben und das Ganze in weiteren 10 Minuten bissfest kochen.

2 Inzwischen die Schalotten und die Knoblauchzehen schälen. Die Schalotten fein schneiden, den Knoblauch durchpressen. In einem großen Suppentopf das Butterschmalz erhitzen und die Schalotten mit der Hälfte des Knoblauchs darin anschwitzen. Das Mehl dazugeben und alles bei mäßiger Hitze mit dem Schneebesen zu einer hellen Mehlschwitze glatt rühren. Die Mehlschwitze mit der Kraftbrühe aufgießen und mit einem Schneebesen gut verrühren. Die Suppe bei mittlerer Hitze etwa 15 Minuten köcheln lassen, dabei ab und zu umrühren.

3 Am Ende der Kochzeit das Gemüse und die Kartoffeln abseihen und mit der Gemüsebrühe zur Suppe geben. Alles mit dem restlichen Knoblauch, dem Majoran, dem Kümmel, Salz und Pfeffer herzhaft abschmecken.

4 Die geputzten Steinpilze in Scheibchen schneiden und in der Butter anbraten. Die Suppe in vorgewärmte Teller geben, die Steinpilze darauf legen und alles mit gehackter Petersilie bestreuen.

# Mährische Krautsuppe

**Für 4–6 Personen**

Zutaten:
- 150 g geräucherter Bauchspeck, gekocht mit Schwarte
- 20 g Schweineschmalz
- 2 mittlere Zwiebeln, geschält und fein gehackt
- 2 Knoblauchzehen
- 20 g Rosenpaprika
- 50 g Tomatenmark
- 1 l Kraftbrühe
- 2 Lorbeerblätter
- 5 Piment- und 10 schwarze Pfefferkörner
- 600 g Sauerkraut aus dem Fass
- etwas Salz
- etwas gemahlener Kümmel
- Tabasco nach Belieben
- 250 g Sauerrahm

## Tipp

Mit einigen Scheiben Knoblauchwurst und einem Stück Schwarzbrot wird diese gehaltvolle Suppe zu einer kompletten Mahlzeit.

1 Den Speck von der Schwarte schneiden und klein würfeln. In einem Suppentopf das Schweineschmalz erhitzen und die Speckwürfel kurz darin anbraten, die Zwiebeln dazugeben und alles weiterbraten, bis die Zwiebeln goldgelb sind.

2 Den Knoblauch schälen, durchpressen und mit dem Paprikapulver und dem Tomatenmark zu den Zwiebeln geben, kurz umrühren und mit der Kraftbrühe aufgießen. Lorbeerblatt, Piment- und Pfefferkörner in ein Gewürzsäckchen geben und in die Suppe legen.

3 Sauerkraut unter fließendem kalten Wasser spülen, kurz schneiden, gut ausdrücken und mit der Speckschwarte in die Suppe geben. Alles etwa 20 Minuten köcheln lassen, dann die Speckschwarte und das Gewürzsäckchen herausnehmen.

4 Die Suppe mit Salz, gemahlenem Kümmel und Tabasco abschmecken, in Suppentassen füllen und mit einem Klecks Sauerrahm garnieren.

# Pilsener Biersuppe

**Für 8 Personen**

Zutaten:
- 1 unbehandelte Zitrone
- 1 1/2 l Pilsner Urquell
- 4 Gewürznelken
- etwas geriebene Muskatnuss
- 2 EL Zucker
- 6 Eigelb
- 200 g Schlagsahne
- etwas Salz
- weißer Pfeffer aus der Mühle
- 4 Scheiben Graubrot
- 20 g Butter
- 1 Bund Schnittlauch

1 Die unbehandelte Zitrone abreiben und den Saft auspressen.

2 Das Bier in einen großen Suppentopf geben und mit den Gewürznelken, der Muskatnuss, dem Zucker und der abgeriebenen Zitronenschale etwa 15 Minuten bei mittlerer Hitze köcheln lassen. Dabei den Schaum abschöpfen.

3 Die Eigelbe mit der Sahne verrühren. Den Suppentopf vom Feuer nehmen und die Eier-Sahne-Mischung vorsichtig in die Suppe einrühren. Die Suppe darf nicht mehr kochen, sonst gerinnen die Eidotter. Die Suppe mit Zitronensaft, Salz und Pfeffer abschmecken.

4 Das Graubrot in große Würfel schneiden. Die Butter in einer beschichteten Pfanne erhitzen und die Brotwürfel darin knusprig braten. Die Brotwürfel in vorgewärmte Teller verteilen und die heiße Suppe darüber geben. Den Schnittlauch in feine Röllchen schneiden und über die Suppe streuen.

# Einfache Brotsuppe

**Für 6 Personen**

Zutaten:
- $^1/_8$ l Weinessig
- 6 Eier
- 6 Scheiben altbackenes Hausbrot
- 2 mittelgroße Zwiebeln
- 2 Knoblauchzehen
- 150 g Butter
- 1 Bund Schnittlauch
- 1 Bund glatte Petersilie
- $1^1/_2$ l Bouillon
- Salz und Pfeffer aus der Mühle

1 Essig mit $1^1/_2$ l Wasser vermischen und aufkochen. Die Eier der Reihe nach in einen Schöpflöffel aufschlagen und vorsichtig ins siedende, aber nicht mehr kochende Wasser gleiten lassen. Jedes Ei 10 Minuten kochen, mit dem Schaumlöffel aus dem Wasser nehmen und warm stellen

2 Die Brotscheiben vierteln, die Zwiebeln schälen, halbieren und in feine Scheiben schneiden, den Knoblauch schälen und durchpressen. Die Butter in der Pfanne vorsichtig erhitzen. Die Zwiebeln mit dem Knoblauch in der heißen Butter anrösten, die Brotwürfeln dazugeben und kurz mitrösten.

3 Schnittlauch und Petersilie waschen, trockentupfen und fein schneiden. Die Bouillon erhitzen und nach Belieben mit Salz und Pfeffer abschmecken. Die gerösteten Brotwürfel mit Petersilie und Schnittlauch auf vorgewärmte Suppentassen verteilen und mit der heißen Bouillon übergießen. Jede Portion mit einem verlorenen Ei anrichten.

# Südböhmische Karpfensuppe

**Für 6 Personen**

Zutaten:
- $1^1/_2$ kg Spiegelkarpfen, vom Fischhändler küchenfertig vorbereitet, mit Abschnitten, Rogen und Milchner
- 150 g Karotten
- 150 g Sellerie
- 150 g Petersilienwurzel
- 3 Schalotten
- 2 Lorbeerblätter
- 5 Piment- und 10 schwarze Pfefferkörner
- Salz
- etwas geriebene Muskatnuss
- 50 g Butter
- 40 g Mehl
- 20 g Forellenrogen (Caviar)
- $^1/_4$ l Riesling
- 125 g Sahne
- etwas Dill zum Garnieren

1 Karpfen filetieren. Das Gemüse sauber putzen, die eine Hälfte in grobe Stücke schneiden und mit ungeschälten Schalotten, Fischabschnitten und den Gewürzen mit $1^1/_2$ l Wasser aufkochen und etwa 1 Stunde bei kleiner Hitze ziehen lassen. Den Schaum abschöpfen.

2 Das restliche Wurzelgemüse in dünne Streifen von etwa 3 cm Länge schneiden (Julienne) und in Salzwasser bissfest kochen, anschließend in Eiswasser abschrecken.

3 Die Karpfenfilets etwa 5 Minuten in der Fischbrühe garen, herausnehmen, von Haut und restlichen Gräten befreien und in mundgerechte Stücken schneiden.

4 Von Butter und Mehl eine helle Mehlschwitze bereiten, die Fischbrühe damit binden und durch ein feines Sieb passieren. Den Milchner klein schneiden und mit dem Forellenrogen, der Gemüsejulienne und dem Karpfenfleisch in die Suppe geben. Riesling und Sahne vorsichtig unterrühren und das Ganze etwa 15 Minuten auf kleiner Flamme köcheln lassen. Ab und zu vorsichtig umrühren. Die Karpfensuppe mit Dillzweigen garniert servieren.

# Oukrop (Knoblauchsuppe)

**Für 6 Personen**

Zutaten:
- 500 g speckige Kartoffeln
- Salz
- 1 TL Kümmel
- 4–6 Knoblauchzehen
- 100 g Schweineschmalz
- 1 TL getrockneter Majoran
- 3/4 l Kraftbrühe
- Pfeffer aus der Mühle
- 4–6 Scheiben Hausbrot
- 1 Bund Schnittlauch, in feine Röllchen geschnitten

1 Die Kartoffeln schälen, in etwa 1 cm große Würfel schneiden und in einen Topf geben. So viel Wasser aufgießen, dass die Kartoffelwürfel gerade bedeckt sind, etwas Salz und den Kümmel dazugeben und die Kartoffeln bissfest kochen.

2 Die Knoblauchzehen schälen, in Scheibchen schneiden und mit etwas Salz zerdrücken, am besten mit der Messerspitze. Die Hälfte des Schmalzes in einem Suppentopf schmelzen, aber nicht heiß werden lassen, Knoblauch und Majoran dazugeben und mit der Kraftbrühe aufgießen. Kurz aufkochen und die gegarten Kartoffeln mit dem Kochwasser zur Brühe geben. Die Suppe mit Salz und Pfeffer abschmecken. Nicht mehr kochen, nur heiß halten.

3 Das Brot in Würfel schneiden. Das restliche Schweineschmalz in einer Pfanne erhitzen und die Brotwürfel darin knusprig rösten. Das Brot auf vorgewärmte Suppenteller verteilen, mit der heißen Suppe aufgießen und mit Schnittlauchröllchen garnieren.

# Steinpilzsuppe

**Für 6 Personen**

Zutaten:
- 250 g Kalbsbries
- Salz
- 1 mittlere Zwiebel
- 150 g Butter
- 50 g Mehl
- $1^1/_2$ l Geflügelbrühe
- 400 g frische Steinpilze
- 2 Eigelb
- 125 g Sahne
- Pfeffer aus der Mühle
- etwas geriebene Muskatnuss
- 2 EL Crème fraîche
- 1 Bund glatte Petersilie, fein gehackt

## Tipp

Wenn Sie Kalorien zählen, lassen Sie Pilze und Brieswürfel nach dem Braten auf Küchenkrepp abtropfen.

1 Das Kalbsbries gut abspülen, etwa 10 Minuten in Salzwasser kochen, herausnehmen und in kaltem Wasser abkühlen lassen. Das abgekühlte Bries von den Häutchen befreien und in kleine Stückchen schneiden.

2 Die Zwiebel schälen und fein würfeln. 50 g Butter in einem Topf erhitzen, die Zwiebel anrösten, mit dem Mehl bestäuben und glatt rühren. Die Mehlschwitze mit Geflügelbrühe aufgießen und alles gut mit dem Schneebesen verrühen. Die Suppe 20 Minuten auf kleinster Flamme ziehen lassen, dabei öfters umrühren, anschließend durch ein feines Sieb passieren.

3 Die Steinpilze sauber putzen und in Scheibchen schneiden. Die Pilze zusammen mit dem Kalbsbries in der restlichen Butter kurz braten und in die Suppe geben. Die Eigelbe mit der Sahne verquirlen und vorsichtig unter die Suppe rühren. Nicht mehr kochen. Mit Salz, Pfeffer und Muskat abschmecken, mit Crème fraîche und der gehackten Petersilie verfeinern.

# Prager Ganselsuppe

**Für 6 Personen**

Zutaten:
- 1200 g Gänseklein (Hals, Mägen, Herzen, Flügel)
- Salz
- 100 g Karotten
- 100 g Sellerie
- 100 g Petersilienwurzel
- 1 Zwiebel
- 1 kleiner Blumenkohl
- 60 g Gänseschmalz
- 50 g Mehl
- 60 g Egerlinge
- 30 g Butter
- 2 EL Crème double
- etwas geriebene Muskatnuss
- weißer Pfeffer aus der Mühle
- 5 cl weißer Wermut

1 Gänseklein sauber putzen und abspülen und in einen Topf mit $1\frac{1}{2}$ l leicht gesalzenem Wasser geben. Das Wurzelgemüse putzen, waschen und in Stücke schneiden. Die Zwiebel schälen und grob würfeln. Das Gemüse zum Gänseklein geben, das Ganze aufkochen und auf schwacher Hitze köcheln lassen, bis das Gänseklein weich ist. Die Gänsebrühe abgießen und beiseite stellen.

2 Das Fleisch von den Knochen lösen, bei den Mägen die harte Innenhaut, bei den Herzen den Röhrenansatz entfernen und alles in kleine Würfel schneiden. Den Blumenkohl in kleine Röschen zerlegen und in Salzwasser blanchieren.

3 Die Gänsebrühe aufkochen. Das Gänseschmalz in einem hohen Topf erhitzen, mit dem Mehl bestäuben, eine glatte Mehlschwitze zubereiten und mit der Gänsebrühe aufgießen. Die Suppe etwa 15 Minuten köcheln lassen, dann passieren.

4 Egerlinge in Scheibchen schneiden und kurz in der Butter braten. Dann die Egerlinge zusammen mit dem Gänsefleisch und den Blumenkohlröschen zur Suppe geben und vorsichtig unterrühren. Das Ganze mit Muskat, Salz und Pfeffer abschmecken und mit Crème double und weißem Wermut verfeinern.

# Kulajda – böhmische Bauernsuppe

**Für 6 Personen**

Zutaten:
- 1 mittelgroße Zwiebel
- 80 g Butterschmalz
- 2 Lorbeerblätter
- 50 g Mehl
- 1 l Kraftbrühe
- 400 g speckige Kartoffeln
- 150 g frische Steinpilze oder Egerlinge
- 150 g frischer Dill
- Salz und Pfeffer aus der Mühle
- etwas gemahlener Kümmel
- 2 EL Crème fraîche
- 125 g Sauerrahm

## Tipp

Mit einem verlorenen Ei und einer Scheibe Landbrot wird diese Suppe zu einer sättigenden Mahlzeit.

1 Die Zwiebel schälen und fein schneiden. Das Butterschmalz in einem Suppentopf erhitzen und die Zwiebeln mit den Lorbeerblättern darin glasig anrösten. Das Mehl dazugeben und alles zu einer hellen Mehlschwitze glatt rühren. Die Kraftbrühe dazugießen und mit dem Schneebesen gut verrühren. Die Suppe bei schwacher Hitze 10 Minuten köcheln lassen, dann passieren.

2 Inzwischen die Kartoffeln schälen, in kleine Würfel schneiden und in Salzwasser bissfest kochen. Die Kartoffeln abgießen und das Kochwasser auffangen. Die Kartoffeln mit etwa 250 ml Kartoffelbrühe zur Suppe geben.

3 Die Pilze putzen und in dickere Scheiben schneiden. Den Dill von den Stängeln zupfen, grob schneiden, beides zur Suppe geben und vorsichtig unterrühren. Das Ganze mit Salz, Pfeffer und Kümmel abschmecken, mit Crème fraîche und Sauerrahm verfeinern und vor dem Servieren noch 10 Minuten ziehen lassen.

# Prager Kuttelflecksuppe

**Für 6 Personen**

Zutaten:
- 350 g Kutteln, vom Metzger küchenfertig vorbereitet und vorgekocht
- 2 mittelgroße Zwiebeln
- 60 g Schweineschmalz
- 1 EL Tomatenmark
- 50 g Mehl
- 20 g mildes Paprikapulver
- 1 Messerspitze Rosenpaprika scharf
- 1 l Kraftbrühe
- 1–2 Zweige frischer Majoran (ersatzweise 1 TL getrockneter)
- 1 Knoblauchzehe
- Salz und schwarzer Pfeffer aus der Mühle
- etwas gemahlener Kümmel

## Tipp

Falls die vorgekochten Kutteln noch zu hart sein sollten, müssen sie in Salzwasser fertig gekocht werden. Die Kutteln sollten aber noch etwas Biss haben.

1 Die vorgekochten Kutteln mit kaltem Wasser gut durchspülen und in Streifen von etwa 2 bis 3 cm Länge schneiden.

2 Die Zwiebeln schälen und fein hacken. Das Schweineschmalz in einem Topf erhitzen und die Zwiebeln darin hellbraun rösten, Tomatenmark, Mehl und das Paprikapulver dazugeben. Das Ganze glatt rühren und mit der Kraftbrühe sowie etwa 200 ml Wasser (oder Brühe von den Kutteln) aufgießen. Anschließend mit dem Schneebesen gut verrühren, damit sich keine Klumpen bilden können, und etwa 20 Minuten bei schwacher Hitze köcheln lassen. Die Suppe durch ein Sieb passieren.

3 Die Kutteln zusammen mit den gehackten (oder getrockneten) Majoranblättern und einer durchgepressten Knoblauchzehe zur Suppe geben, alles mit Salz, Pfeffer aus der Mühle und gemahlenem Kümmel abschmecken und vor dem Servieren bei schwacher Hitze nochmals eine Viertelstunde ziehen lassen.

# Sautierte Kutteln

**Für 6 Personen**

Zutaten:
- 1000 g weiße Kutteln, vom Metzger vorgekocht
- Salz
- 10 Pfefferkörner
- 1 Lorbeerblatt
- 3 Schalotten
- 2 Knoblauchzehen
- 100 g Butter
- 20 g Mehl
- 1/2 l Bouillon
- 250 g Prager Beinschinken
- 2 Zweige frischer Majoran (oder 1 TL getrockneter)
- 1 Bund glatte Petersilie
- Pfeffer aus der Mühle

## Tipp

Bei diesem Gericht handelt es sich zwar um eine Variation der Kuttelflecksuppe, von der Konsistenz her aber eher um ein Fleischgericht. Beachten Sie die Vorbereitung der Kutteln.

1 Die Kutteln unter fließendem Wasser gut durchspülen, anschließend in reichlich Wasser kurz aufkochen und durch ein Sieb abgießen. Mit frischem Wasser wieder ansetzen, leicht salzen und mit Pfefferkörnern und Lorbeerblatt in etwa 15 bis 20 Minuten weich kochen. Die Kutteln sollten aber noch etwas Biss haben. Die Kutteln wieder in ein Sieb abgießen, abtropfen lassen und in Streifen von etwa 5 cm Länge und 1 cm Breite schneiden.

2 Schalotten und Knoblauch schälen, Schalotten fein schneiden, Knoblauch durchpressen. Die Butter erhitzen und die Schalotten mit dem Knoblauch darin glasig anschwitzen. Die Kutteln dazugeben und 2 bis 3 Minuten sautieren. Das Ganze mit dem Mehl bestäuben und mit der Bouillon ablöschen, dann bei mittlerer Hitze etwa 10 Minuten ziehen lassen, zwischendurch umrühren.

3 Den Prager Schinken in feine Streifen schneiden, die Majoranblättchen und die Petersilie hacken. Majoran unter die Kutteln rühren und das Gericht mit Salz und Pfeffer abschmecken. Die Kutteln auf vorgewärmten Tellern anrichten und mit Schinkenstreifen und Petersilie bestreuen.

Bei Kutteln oder Kaldaunen handelt es sich um den Vormagen von Wiederkäuern, normalerweise vom Rind. Sie werden vom Metzger vorbereitet, viele Stunden vorgekocht und werden üblicherweise küchenfertig angeboten. In Deutschland muss man sie meist beim Metzger vorbestellen. Schneiden Sie die Kutteln, wie die rechts stehenden Abbildungen zeigen, erst in breite Bahnen und diese in feine Streifen.

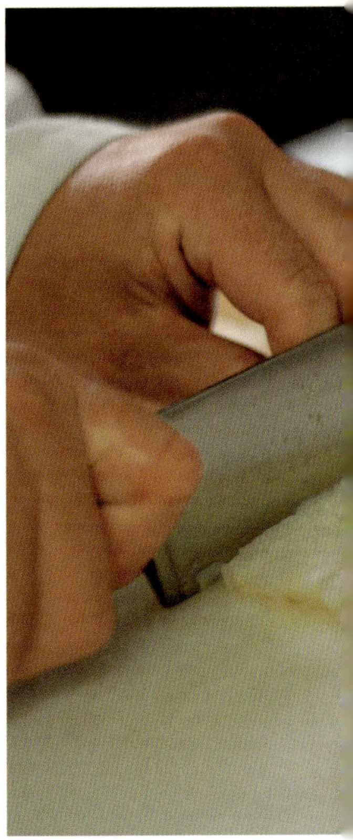

# Fleischgerichte

# Svickova

**Für 6 Personen**

Zutaten:
- 1 l trockener Weißwein
- 5 cl Weinessig
- 6 Lorbeerblätter
- je 20 Piment- und schwarze Pfefferkörner
- 250 g Karotten
- 150 g Knollensellerie
- 150 g Petersilienwurzel, geputzt und in Würfel geschnitten
- 3 mittelgroße Zwiebeln, gewürfelt
- 2 unbehandelte Zitronen
- 1500 g Ochsenlende
- 150 g geräucherter Speck
- Salz und Pfeffer
- 100 g Butterschmalz
- 2 Zweige frischer Thymian
- 50 g Butter
- 40 g Mehl
- 1–2 EL Zucker
- 1 TL mittelscharfer Senf
- 250 g Schlagrahm
- etwas Worcestersauce
- 2 EL Crème fraîche
- 2 EL Preiselbeergelee

## Tipp

In Böhmen und Österreich verwendet man für dieses Gericht Ochsenmeiserl, ein Stück vom Ochsenhals. Servieren Sie diesen Festtagsbraten mit böhmischen Knödeln und Preiselbeeren.

1 Für die Marinade $^1/_2$ l Weißwein und den Weinessig mit 3 Lorbeerblättern, je 10 Piment- und Pfefferkörnern, einem Drittel des geputzten und in grobe Stücke geschnittenen Wurzelgemüses sowie $^1/_2$ Zwiebel und Scheiben von 1 Zitrone mit $^1/_2$ l Wasser aufkochen und abkühlen lassen.

2 Die Ochsenlende zuschneiden, mit Speckstreifen der Länge nach spicken, salzen und pfeffern und in der Marinade mindestens 5 Stunden marinieren.

3 Das Fleisch aus der Marinade nehmen und mit Küchenkrepp trockentupfen. Das Butterschmalz in einem Schmortopf erhitzen und das Fleisch darin von allen Seiten kurz anbraten, herausnehmen und beiseite legen. Das restliche Wurzelgemüse und die Zwiebeln im gleichen Fett goldbraun anrösten. Das Fleisch wieder dazugeben, das Ganze mit dem restlichen Weißwein ablöschen und mit dem Thymian im vorgeheizten Ofen bei 180 °C etwa 60 Minuten schmoren lassen, dann herausnehmen und das Fleisch warm stellen.

4 Von der Butter und dem Mehl eine helle Mehlschwitze zubereiten und die Sauce damit binden, kurz aufkochen und durch ein Sieb passieren. Dann mit Zucker, Saft von 1 Zitrone, Senf und Sahne verrühren. Mit Salz, Pfeffer, ein paar Spritzern Worcestersauce, Crème fraîche und Preiselbeergelee süßsauer abschmecken und bei schwacher Hitze etwa 30 Minuten ziehen lassen.

# Ochsenbrust in Kalbslebersauce

**Für 6 Personen**

Zutaten:
- $1^1/_2$ kg Ochsenbrust/ Hochrippe
- Salz und Pfeffer aus der Mühle
- 200 g Karotten
- 150 g Knollensellerie
- 1 kleine Stange Lauch
- 1 Bund glatte Petersilie
- 10 schwarze Pfefferkörner
- 10 Pimentkörner
- 3 Lorbeerblätter
- 1 Zweig Thymian
- 400 g Kalbsleber
- 2 mittelgroße Zwiebeln
- 30 g Butterschmalz
- 2 TL Speisestärke
- 4 cl trockener Sherry
- 10 g Butter

## Tipp

Achten Sie beim Einkauf darauf, dass das Hochrippenstück nicht zu fett ist, und reichen Sie als Beilage böhmischen Knödel oder Schnittlauchkartoffeln.

1 Die Ochsenbrust unter kaltem Wasser abspülen, dann salzen und pfeffern. $1^1/_2$ l Wasser in einem Topf zum Kochen bringen. Die Ochsenbrust in das kochende Wasser geben, damit sich die Poren schließen.

2 Nach etwa 3 Minuten die geputzten Karotten, Sellerie, Lauch, Petersilie mit den Gewürzen und Thymianzweig dazugeben und die Hitze reduzieren. Das Ganze etwa $1^1/_2$ Stunden köcheln lassen, bis das Fleisch weich ist. Zwischendurch immer wieder den Schaum von der Brühe abschöpfen.

3 Die Kalbsleber unter fließendem Wasser abwaschen, die Häutchen abziehen und die Leber durch die feine Scheibe des Fleischwolfs drehen.

4 Die Ochsenbrust aus der Kochbrühe nehmen und warm stellen. Zwiebeln schälen, fein schneiden und in Butterschmalz goldbraun rösten. Etwas Brühe abnehmen und die Zwiebeln mit der restlichen Brühe ablöschen. Die Speisestärke in der restlichen Brühe verrühren, die Sauce damit binden und durch ein Sieb passieren.

5 Die durchgedrehte Kalbsleber in die heiße Sauce rühren und alles bei mäßiger Hitze unter häufigem Umrühren eine Viertelstunde köcheln lassen. Die Sauce mit Salz und Pfeffer würzen und mit Sherry und Butterflocken vollenden. Die Ochsenbrust in dicke Scheiben schneiden und mit der Sauce anrichten.

# Tafelspitz in Dillsauce

**Für 6 Personen**

Zutaten:

- $1^1/_2$ kg Tafelspitz
- Salz und Pfeffer
- 1 Stange Lauch
- 1 Bund glatte Petersilie
- 2 Karotten
- 100 g Knollensellerie
- 2 mittelgroße Zwiebeln
- 1 l Milch (1,5% Fett)
- 150 g Butterschmalz
- 2 Lorbeerblätter
- 10 weiße Pfefferkörner
- 2 unbehandelte Zitronen
- 150 g Mehl
- 0,2 l Riesling
- 50 g (2–3 Bund) frischer Dill
- 2 EL Zucker
- 2 EL Crème double
- 20 g kalte Butter

## Tipp

Eventuell am Fleisch vorhandenes Fett sollte man nicht vor dem Garen wegschneiden, weil es den Geschmack günstig beeinflusst, sondern, je nach Geschmack, erst unmittelbar vor dem Servieren.

1 Den Tafelspitz abwaschen, abtrocknen, salzen und pfeffern. Lauch und Petersilie putzen und waschen, Wurzelgemüse putzen und in Stücke schneiden, eine Zwiebel halbieren, aber nicht schälen.

2 So viel Wasser in einem Topf zum Kochen bringen, dass das Fleisch gut bedeckt ist. Das Fleisch in das sprudelnd kochende Wasser legen, damit sich die Poren schließen, dann die Hitze reduzieren. Das Gemüse dazugeben und alles $1^1/_2$ bis 2 Stunden köcheln lassen, bis das Fleisch zart ist. Dabei Fett und Schaum regelmäßig abschöpfen. Am Ende der Garzeit den Topf zur Seite stellen, den Tafelspitz aber bis zum Servieren in der Brühe warm halten, damit er nicht austrocknet.

3 Für die Dillsauce die restliche Zwiebel schälen und fein schneiden. Die Milch erwärmen. Das Butterschmalz erhitzen, Zwiebel, Lorbeerblätter, Pfefferkörner und zwei Scheiben Zitrone darin anschwitzen und mit Mehl zu einer glatten hellen Mehlschwitze verrühren. Dann die warme Milch dazugießen und mit einem Schneebesen gut verrühren. $^1/_4$ l Kochbrühe vom Tafelspitz und den Riesling dazugeben und die Sauce unter häufigem Umrühren $^1/_4$ Stunde köcheln, dann durch ein feines Sieb passieren. Nicht mehr kochen. Den Dill von den Stängeln zupfen, grob hacken und in die Sauce einrühen. Mit Zitronensaft, Zucker, Salz und Pfeffer abschmecken. Mit Crème double und kalten Butterflocken verfeinern.

# Prager Beinschinken in Mandel-Meerrettich-Sauce

**Für 6 Personen**

Zutaten:
- Salz
- 1 1/2 kg Prager Beinschinken, roh (beim Metzger bestellen)
- 1 mittlere Zwiebel
- 1 kleine Stange Lauch
- 1 l frische Magermilch
- 100 g Butterschmalz
- 2 Lorbeerblätter
- 10 Pfefferkörner
- 150 g Mehl
- 1/4 l Schinkenbrühe oder Kalbsfond
- etwas geriebene Muskatnuss
- Pfeffer aus der Mühle
- 1 Stange frischer Meerrettich
- 1 EL Crème fraîche
- 200 g gehobelte Mandeln
- 100 g Butter

## Tipp

Sie können auch gekochten Beinschinken verwenden, wie es ihn in gut sortierten Feinkostgeschäften gibt. Sollten Sie gekochten Schinken verwenden, diesen nur in Kalbsfond erhitzen.

1 Einen Liter Wasser mit etwas Salz zum Kochen bringen. Den rohen Prager Schinken hineinlegen und bei mäßiger Hitze etwa 1 Stunde köcheln lassen.

2 Die Zwiebel schälen, den Lauch waschen und beides klein schneiden, die Milch leicht erwärmen. Das Butterschmalz erhitzen und die Zwiebeln mit dem Lauch darin glasig dünsten. Lorbeerblätter und Pfefferkörner dazugeben und mit Mehl bestäuben. Das Ganze glatt rühren und mit lauwarmer Milch aufgießen. Die Schinkenbrühe oder den Kalbsfond dazugeben und mit einem Schneebesen gut verrühren. Die Sauce 15 bis 20 Minuten köcheln lassen, dabei immer wieder umrühren, damit sie nicht am Topfboden anliegt, und durch ein Sieb passieren.

3 Die Sauce mit Salz, Muskat und Pfeffer würzen. Frischen Meerrettich schälen, fein reiben und zusammen mit der Crème fraîche in die Sauce einrühren.

4 Die gehobelten Mandeln in Butter leicht bräunen und beim Servieren über die Sauce streuen. Die Sauce muss sofort serviert werden, da sie sich durch den frischen Meerrettich schnell dunkel verfärbt.

# Rostbraten mit Waldpilzen

**Für 6 Personen**

Zutaten:
- 6 Scheiben von der Ochsenlende (200 g pro Person)
- Salz und Pfeffer aus der Mühle
- 20 g Mehl
- 2 mittelgroße Zwiebeln
- 150 g Karotten
- 150 g Knollensellerie
- 100 g Petersilienwurzel
- 20 g geräucherter Bauchspeck
- 30 g Butterschmalz
- 4 Lorbeerblätter
- 6 Pimentkörner
- 10 schwarze Pfefferkörner
- 20 g Tomatenmark
- 1/4 l kräftiger Rotwein (z. B. Blaufränkisch)
- 1 l Kraftbrühe
- 1 TL Speisestärke
- 250 g süße Sahne
- 250 g feste Waldpilze

## Tipp

Zu diesem Gericht eignen sich frische Maronen oder Pfifferlinge am besten. Außerhalb der Pilzsaison können Sie die Waldpilze auch durch Austernpilze ersetzen.

1 Die Fleischtranchen leicht klopfen und am Rand ein paar Mal einschneiden, salzen, pfeffern und mit Mehl bestäuben. Die Zwiebeln und das Gemüse schälen und klein schneiden. Den Speck in feine Würfel schneiden und im Brattopf auslassen. Dann das Butterschmalz dazugeben und die Lendenstücke darin von beiden Seiten jeweils etwa 1 Minute anbraten. Die angebratenen Lendenstücke herausnehmen und beiseite stellen.

2 Die Zwiebeln und das Wurzelgemüse mit Lorbeerblättern, Piment und Pfeffer im gleichen Topf goldbraun rösten. Das Ganze mit dem Tomatenmark verrühren, Rotwein und Brühe darüber gießen und zum Kochen bringen. Die Lendenstücke wieder in den Topf geben und bei schwacher Hitze weich schmoren. Am Ende der Garzeit das Fleisch wieder aus dem Topf nehmen und warm stellen. Etwas Speisestärke mit einem Teil der Sahne verquirlen, die Sauce damit binden und durch ein Sieb passieren.

3 Die Waldpilze sauber putzen und in grobe Streifen schneiden. Die geschnittenen Pilze in Salzwasser blanchieren, abtropfen lassen und zusammen mit den Lendenstücken in die Sauce geben. Die Hitze nochmal reduzieren und den Rest der Sahne vorsichtig einrühren.

# Karlsbader Kalbsrahmgulasch

**Für 6 Personen**

Zutaten:
1500 g Kalbsschulter
Salz und Pfeffer aus der Mühle
500 g Schalotten
150 g Butterschmalz
20 g Paprikapulver
20 g Tomatenmark
1 l Kalbsfond
1/4 l milder Weißwein
2 TL Speisestärke
125 g süße Sahne
etwas geriebene Muskatnuss
5 cl Karlsbader Becherbitter-Likör
125 g saure Sahne

## Tipp

Karlsbader Becherbitter, in Tschechien Becherovka genannt, ist ein würziger Kräuterlikör, der auch in Deutschland erhältlich ist.

1 Die Kalbsschulter von Flachsen und Sehnen befreien, in etwa 3 cm große Würfel schneiden, salzen und pfeffern. Die Schalotten schälen und klein schneiden. Das Butterschmalz in einem Brattopf erhitzen und das Fleisch mit den Schalotten darin anbraten. Paprikapulver und Tomatenmark dazugeben, kurz verrühren und mit Kalbsfond und Weißwein ablöschen. Das Gulasch zugedeckt bei mittlerer Hitze etwa 40 Minuten schmoren lassen, bis das Fleisch weich ist.

2 Das Fleisch mit einem Schaumlöffel aus dem Topf nehmen und in einer Servierpfanne warm stellen. Die Speisestärke in der süßen Sahne verquirlen, die Sauce damit binden, kurz aufkochen, dann bei schwacher Hitze 10 Minuten ziehen lassen.

3 Die Sauce mit Salz, Pfeffer und Muskat würzig abschmecken, Karlsbader Becherbitter hineinrühren und durch ein Sieb über das Fleisch passieren. Das Ganze nochmals 10 Minuten auf kleinster Hitze ziehen lassen. Beim Servieren jede Portion mit einem Esslöffel saure Sahne garnieren.

# Kalbsleber »Rabbi Löw«

**Für 6 Personen**

Zutaten:

- 1500 g Kalbsleber im Stück
- Salz und Pfeffer aus der Mühle
- 6 Schalotten
- 2 Knoblauchzehen
- 100 g Karotten
- 100 g Sellerie
- 150 g Gänseschmalz
- 10 schwarze Pfefferkörner
- 4 Lorbeerblätter
- 1 Zweig Majoran
- 1/2 l Vollbier
- 1/2 l Kalbsfond
- 60 g Butter
- 40 g Mehl

## Tipp

Zu diesem Gericht serviert man Rosmarinkartoffeln, Rosenkohl und glasierte Karotten.

1 Die Kalbsleber unter fließendem Wasser waschen, enthäuten, in zwei große Stücke schneiden, salzen und pfeffern. Schalotten und Knoblauch schälen und in Scheibchen schneiden. Das Gemüse putzen und in Würfel schneiden. Den Backofen auf 180 °C vorheizen.

2 Das Gänseschmalz in einem Schmortopf erhitzen, die Kalbsleber darin von beiden Seiten anbraten, herausnehmen und beiseite stellen. Dann Gemüse, Knoblauch und Schalotten zusammen mit den Pfefferkörnern, den Lorbeerblättern und dem Majoranzweig ins heiße Fett geben und goldfarben anrösten. Das Ganze mit Bier und Kalbsfond aufgießen, die Kalbsleber wieder in den Topf legen und zugedeckt im Ofen 30 bis 45 Minuten schmoren.

3 Am Ende der Garzeit die Kalbsleber aus dem Topf nehmen und warm stellen. Die Butter in einer Pfanne erhitzen und mit dem Mehl zu einer hellen Mehlschwitze verrühren. Die Sauce damit binden, kurz aufkochen, durch ein feines Sieb passieren und mit Salz und Pfeffer abschmecken. Die Kalbsleber wieder zur Sauce geben und das Ganze bei schwacher Hitze noch 10 Minuten ziehen lassen.

4 Die Kalbsleber in Tranchen schneiden und mit der Sauce servieren.

# Kalbsbeuscherl

**Für 6 Personen**

Zutaten:

- 400 g Kalbsherz
- 1 kleine Zwiebel
- 10 schwarze Pfefferkörner
- 4 Lorbeerblätter
- Salz
- 1000 g Kalbslunge, vom Metzger vorgekocht und in Streifen geschnitten
- 5 Schalotten
- 150 g Butterschmalz
- 1/2 l Kalbsfond
- 1/4 l trockener Weißwein
- 300 g Gewürzgurken
- 100 g Kapern
- 2 TL Speisestärke
- 125 g Sahne
- 2 unbehandelte Zitronen
- etwas Pfeffer aus der Mühle
- 2 EL Crème double

## Tipp

Das Kalbsbeuscherl gilt in Böhmen und Österreich keineswegs als minderwertiges »Arme-Leute-Essen«. Sie können das Gericht mit einigen Streifen von gekochtem Prager Schinken verfeinern. Achten Sie darauf, dass die Lunge gut von allen Röhren befreit ist.

1 Das Kalbsherz gut waschen, Fett und Röhrenansatz wegschneiden. Mit der Zwiebel, 5 Pfefferkörnern und 2 Lorbeerblättern in Salzwasser weich kochen. Das Kalbsherz herausnehmen, die Brühe abseihen und beiseite stellen. Das Kalbsherz in gleich große Streifen wie die Kalbslunge schneiden. Die Kalbslunge unter fließendem kalten Wasser abspülen.

2 Die Schalotten häuten und fein schneiden. Das Butterschmalz in einer Kasserolle erhitzen und die Schalotten darin zusammen mit den restlichen Pfefferkörnern und Lorbeerblättern goldbraun anrösten. Mit dem Kalbsfond, dem Weißwein und 1/4 Liter von der Brühe ablöschen, aufkochen und passieren.

3 Die Gewürzgurken abtropfen lassen und in kleine Würfel schneiden. Die Kapern klein hacken und zusammen mit den Gurken in die Sauce rühren. Die Herz- und Lüngerlstreifen dazugeben. Die Speisestärke mit der Sahne verrühren und die Sauce damit binden. Das Ganze mit abgeriebener Zitronenschale, Zitronensaft, Salz und Pfeffer abschmecken und die Crème double unterrühren. Das Beuscherl vor dem Servieren noch etwa 15 Minuten ziehen lassen.

# Znaimer Lendenrostbraten

**Für 6 Personen**

Zutaten:
- pro Person 1 Tranche (ca. 200–250 g) von der Ochsenlende
- Salz und Pfeffer aus der Mühle
- 1 EL mittelscharfer Senf
- 2 mittelgroße Zwiebeln
- 400 g Znaimer Gewürzgurken
- 200 g geräucherter Bauchspeck
- 20 g Schweineschmalz
- 2 Lorbeerblätter
- 1 l Kraftbrühe
- 1/4 l Weißwein
- 30 g Butter
- 30 g Mehl
- 1 TL Kapern
- etwas gemahlener Kümmel

## Tipp

Gegenüber dem kurz gebratenen Rostbraten hat das Schmoren den Vorteil, dass das Fleisch richtig weich wird. Servieren Sie den Znaimer Lendenrostbraten mit Bratkartoffeln.

1 Die Lendenscheiben leicht klopfen und die Ränder mehrmals einschneiden, dann salzen, pfeffern und mit Senf bestreichen. Die Zwiebeln häuten und fein würfeln. Die Gewürzgurken abtropfen lassen und in Scheiben schneiden. Den Backofen auf 180 °C vorheizen.

2 Den Bauchspeck in feine Würfel schneiden und in einem ausreichend großen Bräter mit dem Schweineschmalz auslassen. Die Lendenscheiben im heißen Speckfett von beiden Seiten anbraten und wieder herausnehmen.

3 Die Zwiebeln mit den Lorbeerblättern im gleichen Fett hellbraun rösten und mit der Kraftbrühe ablöschen. Die Lendenscheiben wieder in den Bräter geben, mit dem Weißwein begießen und im heißen Ofen zugedeckt etwa 30 Minuten schmoren lassen. Wenn das Fleisch weich ist, herausnehmen und warm stellen.

4 Von der Butter und dem Mehl eine helle Mehlschwitze zubereiten, die Sauce damit binden und durch ein Sieb passieren. Die Kapern hacken und mit den Gewürzgurken in die Sauce einrühren. Mit Salz, Pfeffer und Kümmel abschmecken. Den Rostbraten in der Sauce noch etwa 10 Minuten auf schwacher Hitze ziehen lassen. Die Rostbratenscheiben auf vorgewärmten Tellern anrichten, mit der Sauce begießen und mit den Gurkenscheiben belegen.

# Pilsner Biergulasch

**Für 6 Personen**

Zutaten:
- 1500 g Ochsenwade
- Salz und Pfeffer aus der Mühle
- 500 g Zwiebeln
- 1 Knoblauchzehe
- 100 g Schweineschmalz
- 20 schwarze Pfefferkörner
- 20 g ungarisches Paprikapulver, süß
- 1 Prise Rosenpaprika
- 2 EL Tomatenmark
- 1 l Pilsner Urquell
- $^{1}/_{4}$ l Kraftbrühe
- 2 Scheiben altbackenes Hausbrot ohne Rinde
- etwas gemahlener Kümmel

## Tipp

Das Pilsner Biergulasch passt zu zahlreichen Beilagen wir Knödeln, Nudeln, Reis oder Röstkartoffeln. Zu einem besonders deftigen Genuss wird es, wenn Sie es in kleinen, ausgehöhlten Laiben von Schwarzbrot mit ein paar Zwiebelringen anrichten.

1 Ochsenwade von Flachsen und Sehnen befreien, in 4 cm große Würfel schneiden, salzen und pfeffern. Die Zwiebeln und den Knoblauch schälen. Die Zwiebeln klein schneiden, den Knoblauch mit der Messerspitze zerdrücken. Den Backofen auf 180 °C vorheizen.

2 Das Schweineschmalz in einem Schmortopf erhitzen und das Fleisch darin von allen Seiten anbraten. Zwiebeln mit Pfefferkörnern und Knoblauch dazugeben und hellbraun rösten, süßes und scharfes Paprikapulver sowie Tomatenmark dazugeben, kurz umrühren und mit dem Bier und der Kraftbrühe ablöschen. Das Gulasch zugedeckt im Ofen etwa 2 Stunden schmoren. Wenn das Fleisch weich ist, mit dem Schaumlöffel herausnehmen und warm stellen.

3 Inzwischen das trockene Hausbrot fein reiben. Die Brotbrösel in die Sauce rühren, diese auf kleiner Flamme sämig kochen und mit Salz, Pfeffer aus der Mühle und gemahlenem Kümmel herzhaft abschmecken. Die Sauce durch ein Sieb über das Fleisch passieren und das Gulasch weitere zehn Minuten sanft köcheln lassen.

# Mährische Spatzen

**Für 6 Personen**

Zutaten:
- 1000 g Schweineklein (Schwänzchen, Füße, Knochen, in kleine Stücke gehackt)
- 5 mittelgroße Zwiebeln
- 200 g Schweineschmalz
- 2 EL Mehl
- 1500 g Schweinenacken, mager
- 4 Knoblauchzehen
- Salz und Pfeffer aus der Mühle
- 1 1/2 l Schwarzbier
- etwas gemahlener Kümmel

## Tipp

Dazu passen Knödel nach Wahl und Weinkraut.

1 Das Schweineklein gut waschen. Eine Zwiebel ungeschält in Stücke schneiden. Das Schweineschmalz in einem Topf erhitzen, das Schweineklein mit der Zwiebel darin kräftig anrösten, mit Mehl bestäuben und mit Wasser aufgießen. Alles etwa 1 1/2 Stunden auf kleinem Feuer köcheln. Die braune Sauce dann durch ein Sieb passieren und beiseite stellen.

2 Den Schweinenacken abspülen, trockentupfen und in große Würfel von etwa 6 bis 8 cm Größe schneiden. Die restlichen Zwiebeln und den Knoblauch schälen, Zwiebeln in kleine Würfel schneiden, den Knoblauch pressen. Beides mit dem Fleisch vermischen, salzen und pfeffern, in eine Schüssel geben und mit einem Drittel des Schwarzbiers übergießen. Das Ganze mit einem Tuch zudecken, kühl stellen und mindestens 5 Stunden marinieren lassen.

3 Den Backofen auf 180 °C vorheizen. Den marinierten Schweinehals in einen Bräter geben, mit dem restlichen Schwarzbier begießen, mit Alufolie bedecken und gut 1 1/2 Stunden braten. Nach 30 Minuten die Alufolie abnehmen und den braunen Fond angießen. Das Fleisch soll nie mehr als zu zwei Dritteln bedeckt sein. Nach Bedarf Fond und Schwarzbier nachgießen. Die Fleischstücke ab und zu wenden, damit sie eine schöne, hellbraune Farbe bekommen. Die Sauce mit Salz, Pfeffer und Kümmel abschmecken.

# Gefüllte Kalbslende

**Für 6 Personen**

Zutaten:
- 5 Semmeln vom Vortag
- 1/4 l Milch
- 150 g Kalbsbries
- Salz
- 150 g gekochte, gepökelte Kalbszunge
- 1 Bund Petersilie
- 100 g Steinpilze oder Egerlinge
- 2 Eier
- Pfeffer aus der Mühle
- etwas geriebene Muskatnuss
- 1500 g Kalbslende, pariert und zugeschnitten
- 8 Schalotten
- 1 Stange Lauch
- 150 g Karotten
- 150 g Butterschmalz
- 3 Lorbeerblätter
- 10 weiße Pfefferkömer
- 1 l Kalbsfond
- 1 TL Speisestärke
- 5 cl Karlsbader Becherbitter
- 2 EL Crème double

1 Für die Füllung die Semmeln in Milch einweichen und gut ausdrücken. Das Kalbsbries in Salzwasser blanchieren und mit kaltem Wasser abschrecken. Häutchen abziehen und mit der Kalbszunge in Würfel schneiden. Die Petersilie fein hacken. Die Pilze putzen und in Würfel schneiden. Die Eier trennen. Semmeln, Bries und Zunge mit dem Eigelb zu einer Farce verrühren, mit Salz, Pfeffer, Muskatnuss und Petersilie würzen. Das Eiweiß steif schlagen und unter die Farce heben. Den Backofen auf 180 °C vorheizen.

2 Mit einem dünnen, scharfen Messer eine Tasche in die Kalbslende schneiden und mit der Farce füllen. Mit Rouladennadel oder Garn gut schließen, salzen und pfeffern. Schalotten, Lauch und Karotten putzen und in Scheiben schneiden.

3 Butterschmalz in einem Bräter erhitzen und die Lende darin von allen Seiten anbraten. Das Gemüse mit den Gewürzen dazugeben, anschwitzen und alles mit dem Kalbsfond ablöschen. Das Ganze zugedeckt im Ofen etwa 20 Minuten schmoren lassen, dabei nach etwa 10 Minuten den Deckel abnehmen. Das Fleisch aus dem Bräter nehmen und warm stellen.

4 Den Bratensaft nach Bedarf mit Kalbsfond aufgießen. Speisestärke in Kalbsfond verrühren und den Bratensaft damit leicht binden. Die Sauce mit Karlsbader Becherbitter, Salz und Pfeffer abschmecken, mit Crème double verfeinern und noch etwas reduzieren.

# Kalbsröllchen mit Steinpilzen

**Für 6 Personen**

Zutaten:
- 12 Scheiben von Kalbslende oder Kalbsnuss à ca. 100 g (2 Scheiben pro Person)
- Salz und Pfeffer aus der Mühle
- 1 EL mittelscharfer Senf
- 3 Gewürzgurken
- 200 g gekochter Schinken am Stück
- 3 hart gekochte Eier
- 7 Schalotten
- 100 g Butterschmalz
- 2 Rosmarinzweige
- 1/2 l Kalbsfond
- 1/4 l Riesling
- 4 cl Martini bianco
- etwas gemahlener Kümmel
- 400 g Steinpilze
- 100 g Butter

## Tipp

Bei älteren Haushaltsherden kommt es häufig vor, dass sie die angegebenen Temperaturen nicht erreichen, weil die Backofentüren nicht mehr dicht schließen. In solchen Fällen können die hier angegebenen Garzeiten zu kurz sein. Da hilft nur Ausprobieren.

1 Die Kalbfleischscheiben gut klopfen, salzen und pfeffern und dünn mit Senf bestreichen. Die Gewürzgurken und den Schinken in grobe Streifen schneiden. Die gekochten Eier vierteln. Die Gurken- und Schinkenstreifen sowie die Eierviertel auf die Fleischscheiben aufteilen und diese zu Rouladen formen. Mit Rouladennadeln oder Garn fest schließen. Den Backofen auf 180 °C vorheizen.

2 Die Schalotten häuten und in feine Würfel schneiden. Das Butterschmalz in einem Schmortopf erhitzen, die Röllchen darin von allen Seiten anbraten, dann herausnehmen und beiseite stellen. Die Schalotten im heißen Fett goldbraun anrösten, die angebratenen Kalbsröllchen wieder in den Schmortopf geben, die Rosmarinzweige hinzufügen, das Ganze mit Kalbsfond und Riesling übergießen und im Ofen zugedeckt etwa 15 Minuten schmoren. Den Topfdeckel abnehmen und die Röllchen etwa 5 Minuten offen weiterbraten, damit sie Farbe annehmen. Nach Bedarf Kalbsfond oder Riesling nachgießen. Kalbsröllchen herausnehmen und warm stellen. Den Bratensaft passieren, mit Martini, Salz, Pfeffer und Kümmel abschmecken und noch etwas reduzieren.

3 Die Steinpilze putzen, in Scheibchen schneiden und in heißer Butter anbraten. Zum Servieren die Kalbsröllchen schräg durchschneiden, auf dem Bratenjus anrichten und mit den Steinpilzen garnieren.

# Gespickte Schweinekeule in Hagenbuttensauce

**Für 6–8 Personen**

Zutaten:

- 150 g Knollensellerie
- 150 g Karotten
- 150 g Petersilienwurzel
- 2 mittelgroße Zwiebeln
- 4 Lorbeerblätter
- 15 schwarze Pfefferkörner
- 10 Wacholderbeeren
- 2 Thymianzweige
- $^{1}/_{2}$ l Rotwein
- 3 unbehandelte Zitronen
- 200 g magerer geräucherter Bauchspeck
- 1500 g Schweinekeule
- Salz und Pfeffer
- 150 g Butterschmalz
- 200 g Hagenbuttenmark
- $^{1}/_{4}$ l Kraftbrühe
- 50 g Butter
- 40 g Mehl
- 5 cl Madeira
- 1 EL Honig

## Tipp

Reichen Sie als Beilage zur gespickten Schweinekeule böhmische Knödel.

1 Wurzelgemüse und Zwiebeln putzen und in grobe Stücke schneiden. Die Hälfte des Wurzelgemüses und der Gewürze mit $^{1}/_{2}$ l Wasser und der Hälfte des Rotweins sowie Scheiben von einer Zitrone aufkochen und abkühlen lassen. Den Bauchspeck in dünne Streifen schneiden, die Schweinekeule damit spicken, dann salzen und pfeffern. Das Fleisch in eine Schüssel geben, mit der kalten Marinade aufgießen und etwa 4 Stunden an einem kalten Ort marinieren lassen. Danach das Fleisch herausnehmen und die Marinade beiseite stellen. Den Backofen auf 180 °C vorheizen.

2 Butterschmalz erhitzen, restliche Zwiebeln und Wurzelgemüse mit den restlichen Gewürzen darin goldbraun anrösten und das Hagenbuttenmark dazurühren. Jetzt die Schweinekeule darauf setzen und den restlichen Rotwein und die Kraftbrühe angießen, bis das Fleisch zu zwei Dritteln von der Flüssigkeit bedeckt ist. Das Ganze im heißen Ofen schmoren lassen, bis das Fleisch weich ist. Das dauert etwa 2 Stunden. Ab und zu wenden und etwas von der Marinade dazugießen. Das Fleisch herausnehmen und warm stellen.

3 Von der Butter und dem Mehl eine leichte Mehlschwitze zubereiten und die Sauce damit binden. Etwas abgeriebene Zitronenschale dazugeben, die Sauce etwa 10 Minuten ziehen lassen und durch ein Sieb passieren. Mit Madeira, Zitronensaft und Honig sowie Salz und Pfeffer abschmecken. Das Fleisch in Scheiben schneiden und noch 10 bis 15 Minuten in der Sauce ziehen lassen.

# Lammkeule auf südmährische Art

**Für 6 Personen**

Zutaten:
- 2 Lammkeulen ohne Knochen, ca. 1400 g
- 100 g magerer, geräucherter Bauchspeck
- 4 Gewürzgurken
- Salz und Pfeffer aus der Mühle
- 4 Schalotten
- 100 g Karotten
- 300 g Wirsingherzerl
- $^{1}/_{4}$ l Rapsöl
- 15 schwarze Pfefferkörner
- 2 Rosmarinzweige
- $^{3}/_{4}$ l Kalbsfond
- $^{1}/_{4}$ l Weißwein
- 2 TL Speisestärke
- 5 cl süßer Portwein
- 20 g kalte Butter

## Tipp

Reichen Sie als Beilage Kartoffeln, in der Schale gekocht, in Scheiben geschnitten und in Butter angebraten.

1 Die Lammkeulen sauber zuschneiden, unter fließendem Wasser waschen und trockentupfen. Den Speck und die Gewürzgurken in dickere Streifen schneiden und die Keulen damit in Mosaikform spicken. Die gespickten Keulen salzen und pfeffern. Den Backofen auf 180 °C vorheizen.

2 Die Schalotten abziehen, die Karotten putzen und in Würfel schneiden, die Wirsingherzerl in grobe Stücke schneiden. Das Rapsöl im Bräter erhitzen, die Lammkeulen darin von allen Seiten anbraten, herausnehmen und beiseite stellen. Im gleichen Öl die Schalotten und das Gemüse goldbraun rösten, Pfefferkörner und Rosmarin dazugeben, die Lammkeulen darauf setzen und alles mit Kalbsfond und Weißwein ablöschen. Die Lammkeulen im heißen Ofen zugedeckt 1 bis $1^{1}/_{2}$ Stunden schmoren lassen, bis die Keulen weich sind. Dann das Fleisch herausnehmen und warm stellen.

3 Die Speisestärke mit etwas Wasser oder kalter Brühe verrühren. Die Bratensauce damit binden und durch ein Sieb passieren. Den Portwein unterrühren, die Sauce mit Salz und Pfeffer abschmecken und mit Butterflöckchen verfeinern.

# Lammkeule in Majoransauce

**Für 6 Personen**

Zutaten:
- 2 Lammkeulen
- 3 mittlere Zwiebeln
- 1 kleine Stange Lauch
- 5 Karotten
- 4 Petersilienwurzel
- Salz
- 3 Knoblauchzehen
- Pfeffer aus der Mühle
- 1/8 l Sonnenblumenöl
- 3–4 Zweige frischer Majoran
- 1 Thymianzweig
- 10 Wacholderbeeren
- 20 schwarze Pfefferkörner
- 1/8 l leichter Rotwein
- 50 g Butter
- 50 g Mehl

## Tipp

Reichen Sie als Beilage böhmische oder Hefeknödel.

1 Die Lammkeulen entbeinen und parieren. Das Lammfleisch in größere Würfel von etwa 6 bis 8 cm Größe schneiden. Die Zwiebeln schälen, das übrige Gemüse putzen, waschen und in Scheiben schneiden. Die Knochen klein hacken und zusammen mit einem Drittel des Gemüses und den Fleischabschnitten in 1 l leicht gesalzenem Wasser aufkochen. Dann bei schwacher Hitze etwa 1 Stunde köcheln lassen. Regelmäßig abschäumen, zuletzt abseihen. Den Backofen auf 180 °C vorheizen.

2 Knoblauch schälen und durchpressen. Lammfleisch salzen, pfeffern und mit dem Knoblauch vermischen. Das Sonnenblumenöl in einem Schmortopf erhitzen und das restliche Gemüse darin mit zwei Majoranzweigen, dem Thymian, den Wacholderbeeren und den Pfefferkörnern anschwitzen. Das Lammfleisch dazugeben und von allen Seiten anbraten. Mit der Lammbrühe und dem Rotwein aufgießen und im Ofen zugedeckt etwa 1 Stunde schmoren lassen. Wenn nötig, etwas Wasser aufgießen. Das fertig geschmorte Lammfleisch herausnehmen und warm stellen.

3 Aus der Butter und dem Mehl eine glatte Mehlschwitze zubereiten, die Sauce damit binden und kurz aufkochen. Dann auf schwacher Hitze etwa 10 Minuten unter Rühren ziehen lassen und anschließend durch ein Sieb über das Fleisch passieren.

# Erzgebirger Fleischstrudel

**Für 4 Personen**

Zutaten:

Für den Strudel:
- 1 mittlere Zwiebel
- 250 g Schweineschulter
- 250 g Rinderschulter
- 200 g Pfifferlinge
- Salz
- 50 g Butterschmalz
- 2 Eier
- 150 g Semmelbrösel
- 1 Prise Majoran
- Pfeffer aus der Mühle
- 1 Rezept Strudelteig (siehe S. 134)
- 20 g zerlassene Butter

Für die Sauce:
- 1 TL schwarze Pfefferkörner
- 3 Wacholderbeeren
- 2 Schalotten
- 50 g Butter
- 1/4 l Rotwein
- 1/4 l Rinderfond
- 25 g Mehl

1 Für den Strudel die Zwiebel schälen und in feine Würfel schneiden. Die Schweine- und Rinderschulter fein hacken oder durch die mittelfeine Scheibe des Fleischwolfs drehen. Die Pfifferlinge putzen, kleine ganz lassen, große in grobe Stücke schneiden, in Salzwasser blanchieren und abtropfen lassen. Den Backofen auf 180 °C vorheizen.

2 Die Zwiebel mit dem Hackfleisch in Butterschmalz anbraten und auskühlen lassen. Die Fleischmasse mit den Eiern, den Pfifferlingen, den Semmelbröseln und dem Majoran vermischen, salzen und pfeffern.

3 Den Strudelteig auf einem bemehlten Tuch ausrollen und mit Butter bestreichen, die Fleischmasse darauf verteilen, die Ränder einen Finger breit freilassen und den Strudel einrollen. Die Strudelrolle mit Butter bestreichen und im Ofen 40 Minuten backen.

4 Für die Sauce Pfefferkörner und Wacholderbeeren zerdrücken und mit den fein geschnittenen Schalotten in der Hälfte der Butter anschwitzen. Alles mit Rotwein und Rinderfond aufgießen und auf zwei Drittel der Menge einkochen. Von der restlichen Butter Buttermehl zubereiten und die Sauce damit binden. Kurz aufkochen, durch ein feines Sieb passieren und mit Salz abschmecken.

5 Den Fleischstrudel in dicke Scheiben schneiden und mit der Sauce servieren.

# Wild und Geflügel

# Gespickter Hasenrücken

**Für 4 Personen**

Zutaten:
- 2 ganze Hasenrücken
- 100 g Speck
- Salz und Pfeffer aus der Mühle
- 250 g Schalotten
- 250 g Karotten
- 250 g Knollensellerie
- 250 g Petersilienwurzel
- 6 Lorbeerblätter
- 10 Pimentkömer
- 20 Pfefferkörner
- 20 Wacholderbeeren
- 1 l trockener Rotwein
- 5 cl Rotweinessig
- 150 g Butterschmalz
- $^{1}/_{2}$ l Wildfond
- 50 g Butter
- 30 g Mehl
- 100 g Saucenlebkuchen, gerieben
- 5 cl Ruby Portwein
- 2 EL Crème fraîche

## Tipp

Sie können sich einige Arbeit sparen, wenn Sie beim Wildhändler fertig gespickte Hasenrücken kaufen. Bei jungen Hasen genügt es auch, die Rücken zu bardieren, also mit Speckscheiben zu belegen.

1 Die Hasenrücken enthäuten und den Speck in kleine Rauten schneiden. Mit der Messerspitze kleine Einschnitte in die Rücken schneiden und mit den Speckrauten spicken, anschließend salzen und pfeffern. Schalotten schälen, Wurzelgemüse putzen und beides in Würfel schneiden. Ein Drittel des Gemüses und der Gewürze mit $^{1}/_{4}$ l Rotwein, Rotweinessig und etwas Wasser aufkochen und auskühlen lassen. Dann die Marinade über die Hasenrücken geben – sie müssen vollständig bedeckt sein – und über Nacht an einem kühlen Ort marinieren.

2 Das Fleisch aus der Marinade nehmen und trockentupfen. Das Butterschmalz erhitzen, die Hasenrücken darin anbraten, herausnehmen und das restliche Gemüse zusammen mit den Schalotten darin mit den restlichen Gewürzen goldbraun rösten. Den Hasenrücken wieder zum Gemüse geben, Rotwein und Wildfond angießen und das Ganze bei 180 °C im Ofen etwa 45 Minuten schmoren lassen. Wenn nötig, etwas Marinade dazugießen.

3 Die fertig geschmorten Hasenrücken aus dem Bräter nehmen und warm stellen. Von Butter und Mehl eine helle Mehlschwitze zubereiten, die Bratensauce damit binden, geriebenen Lebkuchen dazugeben und unter wiederholtem Umrühren etwa 15 Minuten köcheln lassen. Dann die Sauce durch ein feines Sieb passieren, Portwein und Crème fraîche unterrühren und mit Salz und Pfeffer abschmecken. Nochmals etwa 10 Minuten leicht köcheln lassen.

# Junger Fasan mit Walnussfüllung

**Für 4 Personen**

Zutaten:
- 2 Semmeln vom Vortag
- 1/4 l Milch
- 2 Eier
- 50 g Schweinefleisch, fein gehackt
- 50 g Kalbfleisch, fein gehackt
- 50 g Walnusskerne, geschrotet
- Salz und Pfeffer aus der Mühle
- etwas geriebene Muskatnuss
- 2 junge Fasane, ausgenommen, bratfertig
- 200 g Speck, in dünne Scheiben geschnitten
- 500 g Schalotten
- 1 Stange Lauch
- 150 g geräucherter Schweinebauch, mager
- 30 g Butterschmalz
- 3 Lorbeerblätter
- 10 schwarze Pfefferkörner
- 1/2 l Kalbsfond
- 1/4 l Riesling
- 2 cl Cognac
- 20 g Butter
- 200 g kernlose Weintrauben
- 2 EL Traubensaft

## Tipp

Reichen Sie als Beilagen Kartoffelschnee und Weinsauerkraut.

1 Für die Füllung die Semmeln in der Milch einweichen und fest ausdrücken. Eier trennen. Schweine- und Kalbfleisch mit Nüssen, Eigelb und Semmeln gut vermischen, mit Salz, Pfeffer und Muskat würzen. Eiweiß steif schlagen und unter die Farce heben.

2 Fasane waschen und trockentupfen, von innen und außen salzen und pfeffern. Dann die Fasane mit der Farce füllen und fest verschließen. Die Schenkel festbinden (bridieren) und mit Speckscheiben umbinden (bardieren) und mit Garn festbinden.

3 Die Schalotten schälen, den Lauch waschen und beides klein schneiden. Den Bauchspeck würfeln. Butterschmalz im Bräter erhitzen, erst den Bauchspeck darin glasig braten, dann die Fasane von beiden Seiten anbraten, herausnehmen und Schalotten, Lauch, Lorbeer und Pfefferkörner anrösten. Die Fasane mit der Brust nach unten auf das Gemüse setzen, Kalbsfond und Riesling angießen, bis die Fasane zu einem Drittel bedeckt sind. Mit Alufolie bedecken und im vorgeheizten Ofen bei 180 °C etwa 40 bis 50 Minuten braten, öfters mit dem Bratensaft begießen. Nach 30 Minuten wenden und die Folie entfernen.

4 Die Fasane aus dem Bräter nehmen und warm stellen. Die Bratensauce passieren, mit Cognac und kalter Butter verfeinern, mit Salz und Pfeffer würzen und reduzieren. Weintrauben halbieren und in Traubensaft erwärmen. Fasane vom Speck befreien, zerteilen und mit den Weintrauben und Sauce anrichten.

# Rehrücken im Steinpilzmantel

**Für 6 Personen**

Zutaten:

Für die Farce:
- 3 Scheiben Kastenweißbrot ohne Rinde
- 2 Schalotten
- 150 g Steinpilze
- Butterschmalz
- 100 g Gänseleber
- 1 Bund Petersilie, fein gehackt
- 1 Eiweiß
- Salz und Pfeffer aus der Mühle
- etwas geriebene Muskatnuss

Für den Rehrücken:
- 1 Rehrücken, ca. 1500 g
- 2 Zwiebeln
- 100 g Karotten
- 100 g Knollensellerie
- 4 EL Rapsöl
- 2 EL Tomatenmark
- 2 Thymianzweige
- 3 Lorbeerblätter
- 10 Wacholderbeeren
- 5 Pimentkörner
- 1 l Wildfond
- Saft von 2 Orangen
- 1/4 l Rotwein
- 5 cl Portwein, trocken
- 2 cl Cognac
- Salz und Pfeffer aus der Mühle
- 1 Schweinenetz
- Öl zum Anbraten

### Tipp

Als Beilage passen Reiberdatschi.

1 Für die Farce das Weißbrot, die Schalotten und die Steinpilze sehr fein würfeln und im heißen Butterschmalz anbraten, anschließend auskühlen lassen. Gänseleber fein schneiden und das Ganze mit gehackter Petersilie und Eiweiß zu einer Farce vermischen, mit Salz, Pfeffer und Muskat würzen.

2 Den Rehrücken auslösen, die Silberhaut abziehen und das Fleisch zuschneiden. Die Zwiebeln schälen, das Wurzelgemüse putzen und beides in Scheiben schneiden. Die ausgelösten Knochen klein hacken. Rapsöl erhitzen und das Wurzelgemüse, die Knochen mit dem Tomatenmark, den Fleischabschnitten und den Gewürzen darin anrösten. Mit Wildfond, Orangensaft und Rotwein ablöschen, aufkochen und bei mittlerer Hitze etwa 30 Minuten köcheln lassen. Den Backofen auf 180 °C vorheizen.

3 Die Sauce durch ein feines Sieb passieren, Portwein und Cognac dazugeben, reduzieren und mit Salz und Pfeffer abschmecken.

4 Das Schweinenetz unter fließendem Wasser kalt abspülen, in passende Stücke schneiden und mit der Farce bestreichen. Die Rehfilets salzen und pfeffern, auf die Schweinenetzstücke legen und damit umwickeln, in heißem Öl kurz anbraten und im Ofen bei 180 °C in etwa 8 bis 10 Minuten rosa garen. Vor dem Servieren noch einige Minuten warm stellen.

# Kaninchen im Ofen geschmort

**Für 4 Personen**

Zutaten:
- 1500 g Kaninchenteile oder
- 8 Kaninchenkeulen
- 6 EL Sonnenblumenöl
- 2 Knoblauchzehen
- Salz und Pfeffer aus der Mühle
- 5 Schalotten
- 2 Lorbeerblätter
- 2 Thymianzweige
- 150 g Schweinebauch, geräuchert
- 3 gelbe Spitzpaprika
- 3 Tomaten
- 1/4 l Weißwein
- 10 g Butter
- 5 cl Martini bianco
- etwas Speisestärke

## Tipp

Reichen Sie als Beilage zum geschmorten Kaninchen Kartoffelknödel oder Spinatknödel.

1 Die Kaninchenteile waschen, mit etwas Öl und dem zerquetschten Knoblauch einreiben, salzen und pfeffern. Die klein geschnittenen Schalotten mit den Lorbeerblättern und den Thymianzweigen dazugeben und alles zugedeckt etwa 3 Stunden marinieren.

2 Den Backofen auf 180 °C vorheizen. Den Schweinebauch in dünne Streifen schneiden, die Paprikaschoten entkernen. Die Tomaten in kochendem Wasser brühen und enthäuten. Das Fruchtfleisch entkernen. Paprika und Tomaten ebenfalls in Streifen schneiden. Das restliche Öl in einem Schmortopf erhitzen und die marinierten Kaninchenteile darin von allen Seiten anbraten. Den Bauchspeck und die Marinade dazugeben, kurz mitbraten, das Ganze mit Weißwein und etwas Wasser ablöschen und zugedeckt etwa 40 Minuten schmoren.

3 Inzwischen die Butter in einer beschichteten Pfanne erhitzen, aber nicht braun werden lassen. Die Paprika- und Tomatenstreifen in der Butter leicht andünsten und warm stellen. Am Ende der Garzeit den Topf abdecken, die Paprika, Tomaten und den Martini dazugeben und das Gericht bei 150 °C im Ofen weiterschmoren, bis das Kaninchenfleisch eine goldbraune Farbe angenommen hat.

4 Das Kaninchenfleisch mit den Gemüsestreifen auf vorgewärmten Tellern anrichten. Die Sauce mit dem in etwas Wasser eingerührten Stärkemehl leicht binden, abschmecken und über das Fleisch verteilen.

# Gebratene Ente

**Für 4–6 Personen**

| Zutaten: |
|---|
| 2 Enten à 1800 g |
| Salz und Pfeffer |
| 10 g Kümmel |
| 4 süße, saftige Äpfel |
| 1000 g Gänseklein |
| 1 mittelgroße Zwiebel |
| 1 TL Speisestärke |
| etwas gemahlener Kümmel |

## Tipp

Das gleiche Rezept können Sie auch für eine Gans von etwa 4 kg verwenden. Bei der Gans das herausgenommene Fett mit Wasser durchspülen, klein schneiden und auf mittlerem Feuer langsam ausbraten.
1 Schalotte abziehen, fein schneiden und in dem Gänseschmalz anrösten. Die in Streifen geschnittene Gänseleber dazugeben, kurz mitrösten, alles salzen, pfeffern und in ein Töpfchen füllen. Im Kühlschrank erstarren lassen. Das ergibt einen köstlichen Brotaufstrich.

1 Die mitgelieferten Innereien – Hals, Mägen, Leber und Herzen – herausnehmen. Die Flügel knapp an der Brust abtrennen und die Enten gründlich innen und außen waschen und trocknen. Alles sichtbare Fett von innen abschneiden. Den Backofen auf 200 °C vorheizen.

2 Die Enten innen und außen mit Salz und Pfeffer einreiben, innen auch mit Kümmel würzen und mit ganzen Äpfeln füllen. Die Öffnung schließen und die Keulen mit Garn zusammenbinden.

3 Das Gänseklein in einen großen Bräter geben, die Enten mit der Brust nach unten darauf setzen, so viel Wasser angießen, dass die Enten zu einem Drittel bedeckt sind, und im Ofen $1^1/_2$ bis 2 Stunden unter häufigem Begießen braten. Die Enten gelegentlich wenden, aber zwei Drittel der Bratzeit mit der Brust nach unten braten. Wenn notwendig, noch etwas kochendes Wasser nachgießen. Am Ende der Garzeit die Enten herausnehmen und warm stellen.

4 Die Zwiebel waschen, ungeschält in Achtel schneiden und im Bratensaft 30 Minuten köcheln lassen. Gänseklein aus dem Bratensaft nehmen, Speisestärke in etwas Wasser verrühren, den Bratensaft damit leicht binden und passieren, mit Salz, Pfeffer und gemahlenem Kümmel abschmecken. Die Enten mit der Geflügelschere zerteilen und mit der Haut nach oben bei Oberhitze/Grill schön knusprig nachbraten. Mit der Apfelfüllung und der Sauce servieren.

# Gänsemägen und -herzen in Dillrahmsauce

**Für 6 Personen**

Zutaten:

- 1200 g Gänsemägen und -herzen (zwei Drittel Mägen, ein Drittel Herzen)
- Salz und Pfeffer
- 2 mittelgroße Zwiebeln
- 2 Karotten
- 10 Gewürznelken
- 10 Pimentkörner
- 10 weiße Pfefferkörner
- 4 Lorbeerblätter
- $\frac{1}{4}$ l kräftiger Weißwein (z. B. Welschriesling)
- 100 g Butter
- 80 g Mehl
- 1 l Vollmilch
- Saft von 1 Zitrone
- 1 EL Zucker
- 300 g frischer Dill
- 2 EL Crème fraîche
- 10 g kalte Butter

1 Gänsemägen und -herzen gründlich mit kaltem Wasser abwaschen, gut salzen und pfeffern. 1 Zwiebel schälen und vierteln, die Karotten putzen und in grobe Stücke schneiden. Die Mägen und Herzen in reichlich Wasser ansetzen, Zwiebelviertel und Karotten sowie alle Nelken und die Hälfte der Piment- und Pfefferkörner und der Lorbeerblätter dazugeben. Den Weißwein dazugießen und das Gänseklein in etwa $1\frac{1}{2}$ Stunden weich kochen.

2 Die zweite Zwiebel schälen und fein schneiden. Die Butter in einer Kasserolle erhitzen und die Zwiebel darin mit den restlichen Gewürzen glasig schwitzen. Mehl darüber stäuben und das Ganze glatt rühren. Dann die vorgewärmte, aber nicht heiße Milch dazugießen und mit dem Schneebesen gut verrühren. Die Sauce bei mäßiger Hitze etwa 15 Minuten köcheln lassen. Dabei ab und zu umrühren, damit sich die Sauce nicht am Boden anlegt. Zum Schluss durch ein feines Sieb passieren.

3 Gekochte Mägen und Herzen abseihen, Mägen von der harten Innenhaut befreien, bei den Herzen die Röhrenansätze wegschneiden. Die Mägen in Scheibchen und die Herzen in Hälften schneiden. Mägen und Herzerln in die Sauce geben, mit Zitronensaft und Zucker sowie Salz und Pfeffer würzig abschmecken. Den frischen Dill von den Stängeln zupfen, hacken und in die Sauce rühren. Mit Crème fraîche und einigen Butterflocken verfeinern.

# Fisch

# Zander auf Fenchel- und Paprikagemüse

**Für 4 Personen**

Zutaten:
- 1 Zander von etwa 1500 g, vom Fischhändler küchenfertig vorbereitet und filetiert, mit Gräten und Abschnitten
- Salz und Pfeffer aus der Mühle
- Saft von 1 Zitrone
- 200 g Wurzelgemüse (Karotte, Sellerie, Petersilienwurzel)
- 3 Schalotten
- 2 Lorbeerblätter
- 10 Pfefferkörner
- 5 Pimentkörner
- 2 rote Paprikaschoten
- 2 gelbe Spitzpaprika
- 1 große oder 2 kleine Fenchelknollen
- 2 Sardellenfilets
- 100 g Kapern
- 100 g Butter
- 1/4 l trockener Weißwein
- 125 g süße Sahne
- etwas Rapsöl

1 Die Haut der Zanderfilets jeweils zweimal leicht einschneiden, den Fisch salzen, pfeffern und mit Zitronensaft beträufeln.

2 Die Fischabschnitte, das Wurzelgemüse, eine Schalotte, die Lorbeerblätter, Pfeffer- und Pimentkörner mit 1/2 l Wasser aufkochen und etwa 1 Stunde köcheln lassen. Diesen Fischfond auf etwa 1/4 l reduzieren und abseihen.

3 Die Paprikaschoten entkernen und in Streifen schneiden. Von den Fenchelknollen das Grün und den Wurzelansatz abschneiden, die Knollen in Achtel schneiden und in Salzwasser 5 Minuten blanchieren. Die restlichen Schalotten häuten und fein schneiden. Die Sardellenfilets mit der Messerspitze zerdrücken, die Kapern klein schneiden. Die Schalotten in der Hälfte der Butter glasig braten, mit Weißwein und Fischfond ablöschen und die Sahne unterrühen. Die Sauce reduzieren, passieren und die Kapern und Sardellenfilets hineinrühren, dann mit Salz und Pfeffer abschmecken.

4 Paprika und Fenchel in der restlichen Butter mit etwas Salz und Pfeffer andünsten, warm stellen.

5 Die Zanderfilets in Rapsöl von beiden Seiten jeweils etwa 2 Minuten braten. Das Paprika- und Fenchelgemüse auf vorgewärmte Teller anrichten, die Zanderfilets darauf setzen, die Fischsauce mit dem Mixstab aufschäumen und dazugeben.

# Spiegelkarpfen in Budweiser Bier

**Für 4 Personen**

Zutaten:
- 2 Spiegelkarpfen (Milchner), ca. 1500 g, vom Fischhändler küchenfertig vorbereitet und filetiert, mit Milchner und Abschnitten
- Salz und Pfeffer aus der Mühle
- 200 g Wurzelgemüse (Karotte, Sellerie, Petersilienwurzel), geputzt, grob geschnitten
- 3 Schalotten
- 2 Lorbeerblätter
- 5 Pimentkörner
- 10 Pfefferkörner
- 100 g Mehl
- 100 g Butterschmalz
- 1 Thymianzweig
- $^1/_2$ l Budweiser Bier
- $^1/_8$ l Weißwein
- 20 g Saucenlebkuchen, gerieben
- Saft von 1 Zitrone
- 2 TL Zucker
- 5 g frischer Ingwer, gerieben
- 200 g frischer Dill

1 Die Fischfilets in gleich große Stücke schneiden. Gräten mit einer Pinzette entfernen. Die Haut einschneiden und die Filets mit Salz und Pfeffer würzen.

2 Von einem Drittel des Wurzelgemüses, den Fischabschnitten, einer Schalotte mit Lorbeerblatt, Piment- und Pfefferkörnern sowie $^1/_2$ l Wasser einen Fischfond kochen und auf etwa $^1/_4$ l reduzieren.

3 Die Schalotten schälen und in Würfel schneiden. Die Karpfenstücke mehlieren. Das Butterschmalz in einer beschichteten Pfanne erhitzen und die Fischfilets von beiden Seiten kurz darin anbraten, vorsichtig herausnehmen und beiseite stellen. Die Schalotten zusammen mit dem restlichen Wurzelgemüse und dem Thymian ins heiße Butterschmalz geben und andünsten, mit Budweiser Bier, Weißwein und $^1/_8$ l Fischfond ablöschen. Die Karpfenstücke in die Sauce legen und in 5 bis 10 Minuten gar ziehen lassen. Dann vorsichtig herausnehmen und warm stellen.

4 Den Saucenlebkuchen in die Sauce geben, diese mit Zitronensaft, Zucker und Ingwer würzen, mit Salz und Pfeffer abschmecken und reduzieren.

5 Karpfenmilch in dem restlichen Fischfond blanchieren, zusammen mit dem Karpfen auf vorgewärmten Tellern anrichten, die Biersauce dazugeben und das Ganze mit frisch gehacktem Dill bestreuen.

# Waller mit Ingwer in Rieslingsauce

**Für 4–6 Personen**

Zutaten:

- 4–6 Koteletts vom Waller (Mittelstücke) oder einen ganzen Waller, ca. 2000 g, vom Fischhändler küchenfertig vorbereitet, mit Abschnitten
- 20 g frischer Salbei
- 10 g weißer Pfeffer, geschrotet
- 10 g Gewürznelken, geschrotet
- 1 unbehandelte Zitrone
- 10 g Ingwerwurzel, gerieben
- Salz
- Sonnenblumenöl
- 2 Schalotten
- 30 g Butter
- 1/4 l Riesling
- 3 Champignons
- 125 g süße Sahne
- 1 EL Crème fraîche
- Pfeffer aus der Mühle

## Tipp

Bei einem ganzen Waller fällt etwa ein Drittel weg. Es ist von Vorteil, wenn man zusätzlich eine Fischsuppe kochen möchte, oder für einen Fischfond, den man auch gut einfrieren kann.

1 Den Kopf und die Flossen des Wallers entfernen, am Schwanzansatz etwas mehr wegschneiden, und den Fisch mit einem scharfen Messer filetieren. Gräten mit der Pinzette herausziehen und die Filets in Portionsstücke schneiden.

2 Die Fischabgänge mit 1/2 l Wasser aufsetzen und einen Sud kochen. Die Salbeiblätter in kleine Streifen schneiden, mit dem geschroteten Pfeffer, den Nelken, der abgeriebenen Zitronenschale und dem Ingwer im Mörser vermischen. Die Wallerfilets salzen und in der Gewürzmischung wenden. Das Sonnenblumenöl in einer beschichteten Pfanne erhitzen und die Fischfilets behutsam von beiden Seiten etwa 2 Minuten braten, herausnehmen und in Alufolie warm stellen.

3 Die Schalotten schälen und fein schneiden. Die Butter in einer Kasserolle erhitzen und die Schalotten darin anschwitzen. Mit Riesling und Fischfond ablöschen, aufkochen und passieren. Die Champignons putzen, in feine Streifen schneiden und in die Sauce geben. Sahne und Crème fraîche einrühren, mit Salz, Pfeffer und einem Spritzer Zitronensaft würzen und bei mäßiger Hitze auf etwa zwei Drittel reduzieren.

4 Auf vorgewärmte Teller einen Saucenspiegel gießen und die Wallerfilets darauf anrichten.

# Süßspeisen

# Liwanzen mit Powidel

**Für 4–6 Personen**

| Zutaten: |
|---|
| 500 g Weizenmehl Type 405 |
| 0,7 l Milch |
| 20 g Hefe |
| 2 Eier |
| 2 Vanilleschoten |
| Salz |
| 3 EL Zucker |
| 2 unbehandelte Zitronen |
| 200 g Zimt |
| 300 g Powidel (Zwetschgenmus) |
| 4 cl Rum |
| Sonnenblumenöl |
| Puderzucker zum Bestäuben |
| Schlagsahne |

## Tipp

Zum Ausbacken der Liwanzen gibt es emaillierte Eisenpfannen mit kleinen Vertiefungen, die leider nur in Böhmen hergestellt werden. Ersatzweise kann eine Eierpfanne verwendet werden. Als Alternative zum Powidl kann man auch heiße Himbeeren, Erdbeeren oder Heidelbeeren mit einem jeweils dazu passenden Eis nehmen.

1 Das Mehl durchsieben. Die Milch leicht erwärmen, die Hefe in einer Schüssel zerbröckeln und mit etwas lauwarmer Milch etwa 10 Minuten gehen lassen. Die Eier trennen und das Eiweiß steif schlagen. Die Vanilleschoten längs aufschlitzen und das Vanillemark mit der Messerspitze herauskratzen.

2 Das Mehl mit lauwarmer Milch, Hefe, einer Prise Salz, Eigelb, Vanillemark, 1 Esslöffel Zucker und abgeriebener Zitronenschale zu einem dickflüssigen Teig verrühren. Das Eiweiß vorsichtig unterheben und den Teig 20 Minuten gehen lassen.

3 Den Zimt mit dem restlichen Zucker vermischen, Powidel mit dem Rum verrühren.

4 Etwas Öl in die Näpfchen der Liwanzenpfanne füllen und im heißen Öl aus dem Teig von beiden Seiten kleine Küchlein ausbacken. Zur Probe mit einer Fleischgabel hineinstechen und leicht darauf drücken – tritt keine Teigflüssigkeit aus, sind sie fertig.

5 Die fertigen Liwanzen noch warm in Zimtzucker wenden, einen Klecks Powidel in die Mitte auf jede Liwanze geben, mit Puderzucker bestreuen und mit Schlagsahne garnieren. Mit Walnusseis servieren.

# Škubanky mit Mohnzucker

**Für 4–6 Personen**

| Zutaten: |
|---|
| 1000 g mehlige Kartoffeln |
| Salz |
| 250 g griffiges Mehl (Wiener Griessler) |
| 1/2 l lauwarme Milch |
| 200 g Mohn, gemahlen |
| 100 g Kristallzucker |
| 200 g Butter |
| Puderzucker zum Bestäuben |

1 Die Kartoffeln schälen, vierteln, leicht salzen und halbgar kochen. Dann das Kochwasser bis auf ein Drittel durch ein Sieb abgießen. Den Topf schütteln, bis die Kartoffeln den Topfboden wieder gleichmäßig bedecken, und mit einem Kochlöffelstiel mehrmals bis zum Topfboden durchstechen. Das Mehl über die Kartoffeln sieben und die lauwarme Milch darüber gießen.

2 Den Topf zudecken und die Kartoffeln im Wasserbad gar ziehen lassen. Dann die gesamte restliche Flüssigkeit abgießen und die Kartoffeln mit einem Handmixer zu einem glatten Teig verrühren. Dabei den Topf im Wasserbad belassen.

3 Den gemahlenen Mohn mit Kristallzucker vermischen und die Butter zerlassen. Mit einem Esslöffel aus dem Kartoffelteig Nockerl ausstechen, dabei den Löffel jeweils vorher in heißes Wasser tauchen. Die Kartoffelnockerl auf vorgewärmte Teller geben, mit der heißen Butter begießen, mit der Mohn-Zucker-Mischung bestreuen und zuletzt mit Puderzucker bestäuben.

# Žemlovka – Apfelscheiterhaufen

**Für 4–6 Personen**

Zutaten:
500 g säuerliche Äpfel
50 g Rosinen
4 cl Rum
100 g Butter
1/2 l Milch
100 g Kristallzucker
1 Päckchen Vanillezucker
3 Eier
Salz
1 unbehandelte Zitrone
5 altbackene Semmeln
1 TL Zimt
50 g Mandeln, gehobelt
2 TL Puderzucker

1 Die Äpfel schälen, vierteln, entkernen und in Scheiben schneiden. Die Rosinen mit Rum beträufeln und etwa 10 Minuten ziehen lassen. Eine Auflaufform mit Butter ausfetten. Den Backofen auf 160 °C vorheizen.

2 Die Milch mit Zucker, Vanillezucker, Eiern, Salz und abgeriebene Zitronenschale verquirlen. Die Semmeln der Länge nach in Scheiben schneiden und damit die Auflaufform gleichmäßig auslegen. Die Hälfte der Eiermilch über die Semmelscheiben gießen. Die Apfelscheiben darüber verteilen und mit den Rosinen, Zimt und Mandeln bestreuen. Die Äpfel mit den restlichen Semmeln bedecken und mit der anderen Hälfte der Eiermilch begießen. Butterflocken auf dem Auflauf verteilen, das Ganze mit Alufolie abdecken und im Ofen backen. Nach etwa 30 Minuten die Folie abnehmen und den Auflauf in weiteren 10 bis 20 Minuten goldbraun backen. Mit Puderzucker bestreuen und servieren.

# Topfenpalatschinken auf Aprikosenspiegel

**Für 4–6 Personen**

Zutaten:

Für den Teig:

- ½ l Milch
- Salz
- 2 Eier
- 2 Eigelb
- 1 Päckchen Vanillezucker
- 1 unbehandelte Zitrone
- 30 g flüssige Butter
- 1 Vanilleschote
- 200 g Mehl
- 50 g Butterschmalz

Für die Füllung:

- 100 g Rosinen
- 5 cl Rum
- 500 g Topfen (Magerstufe)
- 50 g feiner Zucker
- 2 Eigelb
- 1 Vanilleschote
- 2 unbehandelte Zitronen
- 20 g Butter

Für die Sauce:

- 1000 g Aprikosen
- 2 EL feiner Zucker
- 2 Vanilleschoten
- 1 TL Stärkemehl
- 4 cl Apricot Brandy
- Zitronenmelisse
- frische Erdbeeren

1 Für den Teig die Milch mit einer Prise Salz, den Eiern, den Eigelben, dem Vanillezucker, der abgeriebenen Zitronenschale, flüssiger Butter und dem Mark aus der Vanilleschote gut aufschlagen. Das gesiebte Mehl dazugeben und alles zu einem glatten Teig verrühren. In einer beschichteten Pfanne etwas Butterschmalz erhitzen und dünne goldgelbe Palatschinken backen.

2 Für die Füllung die Rosinen mit Rum begießen und etwa 10 Minuten quellen lassen. Den Topfen mit dem Zucker schaumig rühren, die Eigelbe, das Mark der Vanilleschote, Rosinen und abgeriebene Zitronenschale dazugeben und verrühren. Die Palatschinken mit der Topfenmasse bestreichen und einrollen. Eine Auflaufform mit Butter ausstreichen, die Palatschinken nebeneinander hineinlegen, mit Butter bestreichen und im Backofen bei 160 °C leicht bräunen.

3 Für die Sauce die Aprikosen waschen und entkernen, mit dem Zucker und den aufgeschlitzten Vanilleschoten in wenig Wasser etwa 20 Minuten kochen. Dann die gekochten Aprikosen mit einem Mixstab pürieren und durch ein Sieb streichen. Das Stärkemehl in wenig Wasser einrühren und die Aprikosensauce damit leicht binden. Zuletzt den Aprikosenlikör unter die Sauce rühren. Vor dem Servieren die Sauce leicht erwärmen (nicht kochen). Auf vorgewärmte Teller einen Saucenspiegel geben. Palatschinken halbieren, die beiden Hälften auf den Spiegel setzen und das Ganze mit Melisse und Erdbeeren garnieren.

# Palatschinken mit Haselnussfüllung

**Für 4–6 Personen**

| Zutaten: |
|---|
| 1 Rezept Palatschinkenteig (siehe Seite 105) |
| 100 g Zucker |
| 3/4 l Milch |
| 250 g Haselnüsse, gemahlen |
| 150 g Amarena-Kirschen |
| 2 Päckchen Vanillezucker |
| 4 cl Kirschwasser |
| 150 g Kuvertüre, halbbitter |
| Puderzucker zum Bestäuben |
| 50 g Walnusskerne |
| Zitronensorbet |

1 Den Palatschinkenteig nach Rezept zubereiten. Die Palatschinken backen und warm stellen.

2 Den Zucker in einem Topf hellbraun karamellisieren, mit 1/2 l Milch ablöschen, mit dem Schneebesen rühren, bis sich der Karamell vollständig in der Milch gelöst hat, und das Ganze bei mäßiger Hitze aufkochen. Dann die gemahlenen Haselnüsse dazugeben und etwa 15 Minuten köcheln lassen. Dabei immer wieder umrühren, damit sich die Masse nicht am Boden festsetzen kann.

3 Die Amarena-Kirschen abtropfen lassen. Den Sirup auffangen und in die Nussmasse geben. Die Amarena-Kirschen klein hacken und mit dem Vanillezucker und dem Kirschwasser in die Nussmasse einrühren.

4 Die Kuvertüre zerbröckeln und in die restliche Milch geben. Im Wasserbad erhitzen, bis sich die Schokolade in der Milch gelöst hat. Die Palatschinken mit heißer Nussmasse bestreichen, zusammenlegen und zu Dreiecken schneiden, dann mit heißer Schokolade beträufeln, mit Puderzucker bestäuben und mit Walnusskernen garnieren. Mit 1 Kugel Zitronensorbet servieren.

# Zwetschgen-knödel

**Für 6–8 Personen**

Zutaten:

- 300 g Topfen (Magerstufe)
- 150 g Mehl
- 1 Päckchen Vanillezucker
- 1 Ei
- 1 unbehandelte Zitrone
- Salz
- 100 g Butter
- ca. 30 Zwetschgen
- ca. 30 Stück Würfelzucker
- 150 g Semmelbrösel
- Puderzucker zum Bestäuben

1 Den Topfen in eine Rührschüssel geben. Das gesiebte Mehl, den Vanillezucker, das Ei, die abgeriebene Zitronenschale, 1 Prise Salz und 40 g weiche Butter dazugeben. Sämtliche Zutaten zu einem glatten Teig verarbeiten. Diesen 1/2 Stunde kühl stellen.

2 Einen großen Topf mit reichlich leicht gesalzenem Wasser aufsetzen und zum Sieden bringen. Die Zwetschgen waschen, mit einem Tuch abtrocknen und entkernen. Den Teig zu einer Rolle formen und in so viele gleich große Stücke schneiden, wie Zwetschgen vorhanden sind. Auf einer bemehlten Fläche die Teigstücke mit der Hand flach drücken, eine Zwetschge mit einem Stück Würfelzucker darauf legen und den Teig um die Zwetschge herum zu einem runden Knödel formen. Den Knödel gut verschließen, damit er beim Kochen nicht aufgeht. Die Zwetschgenknödel in das siedende – nicht sprudelnd kochende – Wasser einlegen und bei schwacher Hitze etwa 15 Minuten mehr ziehen als kochen lassen.

3 Die restliche Butter in einer Pfanne erhitzen und die Semmelbrösel darin anrösten. Die Knödel aus dem Kochwasser nehmen, sofort in den Semmelbröseln wenden, mit Puderzucker bestreuen und servieren. Nach Belieben noch mit etwas zerlassener Butter begießen.

# Dukatenbuchteln mit Vanilleschaum

**Für 6–8 Personen**

Zutaten:

Für die Buchteln:
- 50 g Rosinen
- 2 cl Rum
- 20 g Hefe
- 1/4 l Milch, lauwarm
- 50 g feiner Kristallzucker
- 3 Eigelb
- 150 g Butter
- 400 g griffiges Mehl (Wiener Griessler)
- 1 Päckchen Vanillezucker
- 1 unbehandelte Zitrone
- Salz
- Puderzucker zum Bestäuben

Für die Sauce:
- 150 g feiner Kristallzucker
- 4 Eigelb
- Mark von 1 Vanilleschote
- 1 Päckchen Vanillezucker
- 1 unbehandelte Zitrone
- 1 Prise Kartoffelmehl
- 1/4 l Weißwein

## Tipp

Der Hefeteig ist dann genügend lang geknetet, wenn er nicht mehr an der Rührschüssel klebt.

1 Die Rosinen mit Rum begießen und 10 Minuten quellen lassen. Die Hefe mit einem Teil der Milch verrühren und einige Minuten gehen lassen. Den Zucker mit den Eigelben und 50 g Butter schaumig rühren. Mehl, Hefe, Rosinen, Vanillezucker, abgeriebene Zitronenschale und Salz dazugeben und mit der Milch so lange zu einem Teig verkneten, bis sich kleine Bläschen bilden, dann etwa 20 Minuten an einem warmen Ort gehen lassen. Den Backofen auf 180 °C vorheizen.

2 Den Teig zu Rollen von etwa 2 cm Durchmesser formen und in gleichmäßige Würfel schneiden. Jedes Stück vorsichtig in zerlassene Butter tauchen und dicht aneinander in eine Springform oder Reine setzen. Das Ganze mit zerlassener Butter begießen, zudecken und etwa 10 Minuten an einem warmen Ort gehen lassen. Die Dukatenbuchteln im Backofen in etwa 20 Minuten goldbraun backen.

3 Für die Sauce den Zucker mit Eigelb, Vanillemark, Vanillezucker und abgeriebener Zitronenschale in einer Kasserolle schaumig rühren. Das Kartoffelmehl im Weißwein verrühren und den Wein unter die Schaummasse mischen. Den Topf in ein Wasserbad stellen und die Masse so lange mit einem Schneebesen schlagen, bis sie dick und schaumig ist. Sobald sie genügend Bindung hat, vom Feuer nehmen.

4 Die Buchteln aus der Form nehmen, mit zwei Gabeln trennen, den Weinschaum auf vorgewärmte Teller verteilen, die Buchteln darauf setzen und mit Puderzucker bestreuen.

# Aprikosen-Hefeknödel

**Für 4–6 Personen**

| Zutaten: |
| --- |
| $^1/_4$ l Milch |
| 20 g Hefe |
| 300 g Mehl Type 405 |
| Salz |
| 150 g Kristallzucker |
| 2 Eigelb |
| 150 g Butter |
| 30–40 frische Aprikosen oder aus der Dose |
| 100 g Mohn, gemahlen |
| Puderzucker zum Bestäuben |

## Tipp

In Böhmen serviert man die Aprikosenknödel gern mit geriebenem Topfen, der am Vortag zubereitet werden muss: 2 Becher Buttermilch in ein Gefäß geben und im Wasserbad zugedeckt kurz aufkochen. Die Hitze reduzieren und die Buttermilch nur ziehen lassen, bis sie gerinnt. Dann durch ein Tuch abseihen und fest ausdrücken. Das Tuch oben fest zubinden und über Nacht mit einem Gewicht beschweren, damit die Molke abfließen kann. Man reibt den Topfen über die mit Butter übergossenen Knödel, garniert mit Sauerrahm und bestäubt das Ganze mit Puderzucker.

1 Die Milch erwärmen, die Hefe mit einem Teil der Milch verrühren und einige Minuten gehen lassen. Das Mehl in eine Schüssel sieben, mit dem Salz und 100 g Zucker vermischen. Die Eigelbe, Hefe, Milch und 50 g weiche Butter dazugeben und alles zu einem glatten Teig verarbeiten. Die Rührschüssel zudecken und an einem warmen Ort $^1/_2$ Stunde gehen lassen.

2 Frische Aprikosen waschen, abtrocknen und entkernen. Bei der Verwendung von Konserven die Früchte abtropfen lassen und mit Küchenkrepp abtrocknen. Reichlich leicht gesalzenes Wasser zum Kochen bringen.

3 Aufgegangenen Teig auf eine bemehlte Tischplatte geben, mit einem Löffel Stücke herausstechen und diese mit der Hand flach drücken (gut 1 cm). Je eine Aprikose darauf legen und den Teig um die Frucht zu einem runden Knödel formen. Die Knödel mit einem Tuch zudecken und nochmals kurz gehen lassen, dann etwa 8 Minuten im Salzwasser mehr ziehen als kochen lassen. Nach der Hälfte der Kochzeit die Knödel wenden. Zur Probe zuerst einen Knödel kochen, mit zwei Gabeln auseinander reißen.

4 Die restliche Butter zerlassen. Den Mohn mit dem restlichen Zucker vermischen. Die Knödel aus dem Wasser nehmen und sofort anrichten, mit Butter begießen, mit der Mohn-Zucker-Mischung bestreuen und mit Puderzucker bestäuben.

# Topfenknödel mit Zwetschgenröster

**Für 4–6 Personen**

| Zutaten: |
|---|
| Für die Topfenknödel: |
| Salz |
| 2 Eier |
| 130 g Butter |
| 150 g Weißbrot ohne Rinde |
| 1/8 l Milch |
| 250 g Topfen (Magerstufe) |
| 50 g Mehl |
| 1 unbehandelte Zitrone |
| 100 g Zucker |
| 150 g Semmelbrösel |
| Puderzucker zum Bestäuben |

| Für den Zwetschgenröster: |
|---|
| 750 g Zwetschgen |
| 150 g Zucker |
| 1 Zimtstange |
| 5 cl Rum |

1 In einem großen Topf reichlich schwach gesalzenes Wasser zum Kochen bringen. Die Eier mit 50 g weicher Butter schaumig rühren. Das Weißbrot in Würfel schneiden, mit der Milch begießen, einige Minuten quellen lassen und ausdrücken. Den Topfen in eine Schüssel geben, die Eimasse, Weißbrot, Mehl, Salz, abgeriebene Zitronenschale und Zucker dazugeben, alles zu einer Knödelmasse verrühren und 30 Minuten ruhen lassen. Aus der Knödelmasse mit nassen Händen rund 5 cm große Knödel formen und diese bei schwacher Hitze etwa 15 Minuten im Salzwasser ziehen lassen.

2 In der Zwischenzeit die restliche Butter erhitzen und die Semmelbrösel darin anrösten. Die fertig gegarten Knödel abtropfen lassen und in den Butterbröseln wenden.

3 Für den Zwetschgenröster die Zwetschgen waschen, halbieren und entkernen. Den Zucker in einem Topf leicht karamellisieren, die Zwetschgen und die Zimtstange dazugeben, das Ganze mit Wasser bedecken und bei schwacher Hitze etwa 15 Minuten köcheln lassen. Zum Schluss den Rum unterrühren.

4 Die Topfenknödel auf dem Zwetschgenröster anrichten und mit Puderzucker bestreuen.

# Bozi Milosti (Gottes Gnaden)

**Für 4–6 Personen**

| Zutaten: |
|---|
| 3 Eigelb |
| 250 g feiner Kristallzucker |
| 50 g Butter |
| 300 g Mehl Type 405 |
| 1/8 l Milch |
| 1/8 l Weißwein |
| 1 Päckchen Vanillezucker |
| 1 unbehandelte Orange |
| 1 unbehandelte Zitrone |
| Salz |
| 200 g Butterschmalz |
| 50 g Zimt |
| 5 cl Crème de Cassis |
| 250 g Brombeeren |

## Tipp

Das Backfett sollte 180 °C heiß sein. Wenn Sie mit einer Friteuse arbeiten, können Sie die Temperatur präzise regeln. Wenn Sie das Fett auf dem Herd erhitzen, müssen Sie immer ein Probestück backen, um die Temperatur zu prüfen.

1 Die Eigelbe mit 100 g Zucker und der weichen Butter schaumig rühren. Das Mehl, die Milch, den Weißwein, den Vanillezucker, die abgeriebene Orangen- und Zitronenschale sowie eine Prise Salz zur Schaummasse geben und alles zu einem glatten Teig verarbeiten.

2 Den Teig etwa 15 Minuten ruhen lassen, dann auf einem bemehlten Brett rund 2 cm dick ausrollen und daraus Rauten von etwa 7 cm ausstechen. Das Butterschmalz erhitzen und die Rauten darin goldbraun ausbacken. 100 g Zucker mit dem Zimt vermischen und die Gebäckrauten darin wenden.

3 Für die Brombeergarnitur den restlichen Zucker hell karamellisieren, mit Crème de Cassis ablöschen und so lange rühren, bis sich der Zucker im Likör gelöst hat. Dann die frischen Brombeeren in der Zuckermasse glasieren. Die heißen Brombeeren als Spiegel auf Tellern anrichten und die Gebäckrauten darauf anrichten.

# Böhmische Hochzeitskolatschen

**Für 4–6 Personen**

Zutaten:

Für den Teig:
- 15 g Hefe
- 60 g feiner Kristallzucker
- 100 ml Milch
- 400 g Mehl
- Salz
- 1 unbehandelte Zitrone
- 4 Eigelb
- 60 g Butter
- 300 g süße Sahne

Für die Streusel:
- 50 g Kristallzucker
- 20 g Butter
- 20 g Mandeln, gemahlen
- 20 g Mehl

Für die Mohnfüllung:
- 100 ml Milch
- 100 g Kristallzucker
- 1 Päckchen Vanillezucker
- 150 g gemahlener Mohn

Für die Nussfüllung:
- 100 g Kristallzucker
- 100 ml Milch
- 150 g Haselnüsse, gemahlen
- Mark von 1 Vanilleschote
- 4 cl Kirschlikör

Für die Topfenfüllung:
- 20 g Rosinen
- 2 cl Rum
- 250 g Topfen (Magerstufe)
- 1 Eigelb
- 1 Päckchen Vanillezucker
- 1 unbehandelte Zitrone

Für die Powidelfüllung (Zwetschgenmus):
- 250 g Powidel
- 4 cl Rum
- 20 g Pumpernickel, sehr fein gehackt

1 Für den Teig die Hefe mit etwas Zucker in lauwarmer Milch verrühren und etwa 10 Minuten gehen lassen. Gesiebtes Mehl mit Salz, abgeriebener Zitronenschale und restlichem Zucker vermischen, dann 2 Eigelbe, den Hefeansatz sowie lauwarme zerlassene Butter und die Sahne dazugeben und alles zu einem geschmeidigen Teig verarbeiten. Mit einem Tuch zudecken und etwa 1 Stunde gehen lassen. Den Teig auf einem bemehlten Brett ausrollen und kleine Kugeln von etwa 40 Gramm formen. Diese auf ein bemehltes Brett setzen und weitere 10 Minuten gehen lassen.

2 Den Backofen auf 180 °C vorheizen. In die Teigkugeln Vertiefungen drücken, z. B. mit einem Mörserstößel, und mit verschiedenen Füllungen füllen. Das restliche Eigelb mit etwas Milch verschlagen. Die Ränder mit der Eiermilch bestreichen und mit Streuseln bestreuen. Die Kolatschen auf ein gefettetes Blech setzen und im heißen Ofen in etwa 15 Minuten goldbraun backen.

3 Für die Streusel den Zucker mit der weichen Butter verrühren, die Mandeln und das Mehl dazugeben und die Masse gut durcharbeiten.

4 Für die Mohnfüllung die Milch mit Zucker und Vanillezucker aufkochen, den Mohn unterrühren und alles unter ständigem Rühren 5 Minuten köcheln.

5 Für die Nussfüllung den Zucker karamellisieren, mit Milch ablöschen und bei schwacher Hitze köcheln, bis sich der Zucker aufgelöst hat, dann die Nüsse einrühren, Vanillemark und Kirschlikör dazu geben und unter Rühren etwa 5 Minuten köcheln.

6 Für die Topfenfüllung Rosinen im Rum quellen lassen, Topfen mit Eigelb, Vanillezucker, Zitronenschale und Rosinen zu einer Masse verrühren.

7 Den Powidel mit dem Rum verrühren und mit Pumpernickel eindicken, sonst läuft beim Backen der Powidel aus den Kolatschen.

# Böhmische Powideltascherl

**Für 6 Personen**

Zutaten:
- 800 g mehlige Kartoffeln
- 2 Eier
- 150 g griffiges Mehl
- 60 g Weizenstärke
- Salz
- 200 g Powidel (Zwetschgenmus)
- 2 cl Rum
- 1 Eiweiß
- 150 g Butter
- 150 g Mohn, gemahlen
- 50 g Kristallzucker
- Puderzucker zum Bestäuben

## Tipp

Statt sie mit Mohnzucker zu bestreuen, können Sie die Powideltascherl auch in Butterbröseln wenden.

1 Kartoffeln waschen, mit der Schale kochen, auskühlen lassen und pellen. Dann durch eine Kartoffelpresse drücken oder reiben. Die Kartoffelmasse mit den Eiern, dem Mehl und der Weizenstärke zu einem glatten Teig verarbeiten.

2 In einem großen Topf reichlich leicht gesalzenes Wasser zum Kochen bringen. Auf einem bemehlten Backbrett den Teig etwa 3 mm dick ausrollen. Mit einem Formausstecher runde, etwa 6 cm große Plätzchen ausstechen. Den Powidel mit dem Rum verrühren und mit einem Teelöffel mittig auf die Plätzchen verteilen. Das Eiweiß leicht verschlagen und die Teigränder damit bestreichen, damit sie sich beim Kochen nicht öffnen. Die Plätzchen mittig übereinander schlagen und die Ränder festdrücken.

3 Die Powideltascherl mit einem Schaumlöffel vorsichtig ins siedende, nicht kochende Wasser gleiten und dort etwa 6 Minuten ziehen lassen. Dabei vorsichtig umrühren, damit sich die Tascherln vom Topfboden lösen. Die Powideltascherl am Ende der Garzeit vorsichtig mit dem Schaumlöffel aus dem Wasser nehmen und mit etwas flüssiger Butter vermischen, damit sie nicht aneinander kleben bleiben. Bis zum Servieren warm halten.

4 Die Powideltascherl auf vorgewärmten Tellern anrichten, mit heißer Butter begießen und mit Mohnzucker und Puderzucker bestreuen. Statt Mohnzucker kann man auch Butterbrösel nehmen.

# Beilagen und Grundrezepte

# Böhmische Knödel

**Für 4–6 Personen**

**Zutaten:**

- 500 g griffiges Weizenmehl (Wiener Griessler)
- Salz
- 1 Päckchen Backpulver
- 2 altbackene Semmeln
- 1/4 l Milch
- 10 g Hefe
- 2 Eier

## Tipp

Wenn die Knödelrollen ausgekühlt sind, kann man sie mit einem angefeuchteten scharfen Messer schneiden und über Dampf wieder heiß machen.

1 Das Mehl in eine Schüssel sieben und mit Salz und Backpulver vermischen. Die Semmeln in kleine Würfel schneiden. Die Milch leicht erwärmen. Die Hefe in 3 Esslöffel lauwarmer Milch verrühren und etwa 10 Minuten gehen lassen.

2 Die Semmelwürfel in das Mehl geben und mit der restlichen lauwarmen Milch übergießen. Hefe und Eier dazugeben und das Ganze gut durchkneten. Den Teig mit etwas Mehl bestreuen, mit einer Serviette zudecken und an einem warmen Ort etwa 45 Minuten gehen lassen.

3 In einem großen Topf reichlich Salzwasser zum Kochen bringen. Am Ende der Gehzeit den Teig in drei gleiche Teile trennen und zu Kugeln kneten. Diese wieder mit einer Serviette zudecken und weitere 5 Minuten ruhen lassen, danach zu etwa 20 cm langen und 4 cm dicken Rollen formen. Darauf achten, dass keine Luftblasen und Risse entstehen. Die Teigrollen ins kochende Wasser legen und bei schwacher Hitze etwa 12 Minuten eher ziehen als kochen lassen. Nach 6 Minuten wenden. Die fertig gekochten Knödelrollen vorsichtig aus dem Wasser heben und sofort mit einer dünnen Fleischgabel drei-, viermal durchstechen, damit die Hitze entweichen kann. Mit einem Faden in Scheiben schneiden und servieren.

# Hefeknödel

**Für 4–6 Personen**

Zutaten:
- 400 g griffiges Mehl (Wiener Griessler)
- Salz
- 1/4 l Milch
- 20 g Hefe
- 1 Prise Zucker
- 2 Eigelb

## Tipp

Übrig gebliebene Hefeknödel kann man über Wasserdampf wieder erhitzen. Vorher jedoch sollte man sie mit zerlassener Butter bestreichen, damit sie nicht zusammenkleben.

1 Das Mehl in eine Schüssel sieben und mit 1 Prise Salz vermischen. Die Milch leicht erwärmen. Die Hefe in einer Tasse zerdrücken, eine Prise Zucker dazugeben, mit etwas lauwarmer Milch verrühren und etwa 10 Minuten gehen lassen.

2 Die restliche Milch mit den Eigelben verquirlen. Den Hefeansatz in das Mehl geben, die Eiermilch dazugießen und alles zu einem glatten Teig gut verkneten. Den Teig mit Mehl bestäuben und mit einem sauberen Tuch zugedeckt an einem warmen Ort gehen lassen.

3 In einem großen Topf reichlich Salzwasser zum Kochen bringen. Am Ende der Gehzeit den Teig mit bemehlten Händen zu etwa 5 cm großen runden Knödeln formen und nochmals 3 Minuten ruhen lassen. Dann die Knödel ins Kochwasser geben und 6 bis 8 Minuten kochen. Nach der Hälfte der Kochzeit die Knödel im Wasser wenden. Zur Probe einen Knödel mit zwei Gabeln in der Mitte auseinander reißen, um zu prüfen, ob die Knödel fertig sind. Dann erst die anderen aus dem Kochwasser nehmen und sofort mit einer Fleischgabel anstechen.

# Karlsbader Serviettenknödel

**Für 4–6 Personen**

Zutaten:
- 8 altbackene Semmeln
- 1/4 l Milch
- 4 Eier
- 100 g Butter
- Salz
- etwas geriebene Muskatnuss

1 Die Semmeln in 1 bis 2 cm große Würfel schneiden. Die Milch leicht erwärmen. Die Eier trennen. 80 g Butter mit dem Salz und den Eigelb schaumig rühren, mit der lauwarmen Milch verquirlen und über die Semmelwürfel gießen. Die Masse mit etwas abgeriebener Muskatnuss würzen und vermischen. Das Eiweiß steif schlagen und unter die Semmelmasse heben.

2 In einem großen Topf reichlich Salzwasser zum Kochen bringen. Eine Serviette oder ein ausreichend großes Stück feste Alufolie mit der restlichen Butter bestreichen, die Knödelmasse darauf geben, wurstförmig einrollen und an beiden Enden abbinden. Den Serviettenknödel im Wasser etwa 20 Minuten kochen, dann herausnehmen, etwas abkühlen lassen, aus der Folie nehmen und in Scheiben scheiden. Bei Bedarf über Dampf warm halten.

# Kartoffelknödel

**Für 4–6 Personen**

| Zutaten: |
| --- |
| 1000 g mehlige Kartoffeln |
| Salz |
| 1 TL Kümmel |
| 2 Eier |
| 60 g Mehl Type 405 |
| 500 g Weizenstärke |

1 Die Kartoffeln unter fließendem Wasser gründlich abbürsten und mit der Schale in reichlich Salzwasser mit Kümmel kochen und auskühlen lassen.

2 In einem großen Topf reichlich Salzwasser zum Kochen bringen. Die Kartoffeln schälen und durch die Kartoffelpresse drücken oder mit dem Mixstab pürieren. Die Kartoffelmasse, Eier, Mehl, und Weizenstärke zu einem glatten Teig verarbeiten. Ist der Teig zu dünn, etwas mehr Mehl dazugeben.

3 Den Kartoffelteig zu einer 5 cm langen und 5 cm dicken Rolle formen und im siedenden Wasser etwa 10 Minuten ziehen, aber nicht kochen lassen. Die Knödel sind fertig, wenn sie an die Oberfläche steigen. Fertige Knödel in dicke Scheiben schneiden.

# Gefüllte Kartoffelknödel

**Für 4–6 Personen**

Zutaten:

Für die Schinkenfüllung:
- 1 mittelgroße Zwiebel
- 250 g Schinken
- 50 g Schweineschmalz
- Salz und Pfeffer

Für die Steinpilzfüllung:
- 2 Schalotten
- 250 g Steinpilze
- 20 g Butter
- 1 Prise gemahlener Kümmel
- Salz und Pfeffer aus der Mühle

Für die Sauerkrautfüllung:
- 250 g Sauerkraut
- 1 mittelgroße Zwiebel
- 1 Knoblauchzehe
- 50 g geräucherter Bauchspeck, gekocht
- 20 g Schweineschmalz
- 100 ml Weißwein
- Salz und Pfeffer

1 Ein Rezept Kartoffelknödel – siehe gegenüberliegende Seite, Schritte 1 und 2 – zubereiten. In einem großen Topf reichlich Salzwasser zum Kochen bringen. Den Knödelteig in Portionen von je etwa 80 g teilen und mit der bemehlten Hand flach drücken. Je 1 Teelöffel von einer der nachfolgend beschriebenen Füllungen darauf geben. Den Teig gut verschließen, zu runden Knödeln formen und nach Grundrezept garen.

2 Für die Schinkenfüllung die Zwiebel fein, den Schinken in kleine Würfel schneiden. Das Schweineschmalz in einer Pfanne erhitzen, die Zwiebeln darin hellbraun anrösten. Den Schinken zu der Zwiebel geben, ebenfalls anschwitzen, abschmecken und das Ganze anschließend auskühlen lassen.

3 Für die Steinpilzfüllung Schalotten abziehen und fein schneiden. Steinpilze putzen und in kleine Würfel schneiden. Butter erhitzen und Schalotten darin hellbraun anrösten. Steinpilze dazugeben und nur anschwitzen, nicht braten. Mit Kümmel, Salz und Pfeffer abschmecken und auskühlen lassen.

4 Für die Sauerkrautfüllung das Sauerkraut waschen, gut ausdrücken und klein hacken. Zwiebel und Knoblauch schälen und fein schneiden. Den Bauchspeck in kleine Würfel schneiden und im Schweineschmalz erhitzen. Zwiebeln, Knoblauch und Bauchspeck darin hell anrösten, Sauerkraut dazugeben, Weißwein darüber gießen, alles kurz dünsten und auskühlen lassen.

# Spinatknödel

**Für 4 Personen**

Zutaten:
- 4 altbackene Semmeln
- 1/8 l Milch
- 250 g Blattspinat
- Salz
- 2 Schalotten
- 1 EL Butter
- 2 Eier
- 3 EL griffiges Mehl
- Pfeffer aus der Mühle
- etwas abgeriebene Muskatnuss

1 Die Semmeln in Würfel schneiden, mit der Milch übergießen und gut ausdrücken. Den Spinat waschen. Reichlich Salzwasser zum Kochen bringen und den Spinat darin etwa 1 Minute blanchieren, abgießen und in grobe Streifen schneiden. Die Schalotten schälen und fein schneiden. Die Butter in einer Kasserolle erhitzen und die Schalotten mit dem Spinat darin anschwitzen.

2 In einem großen Topf reichlich Salzwasser zum Kochen bringen. Die Eier trennen. Das Eiweiß mit 1 Prise Salz steif schlagen. Die eingeweichten Semmeln mit Eigelb, Spinat und Mehl vermischen, mit Salz, Pfeffer und Muskat würzen. Das Eiweiß unterrühren. Den Teig zu runden Knödeln formen. In leicht gesalzenem Wasser etwa 15 Minuten ziehen lassen.

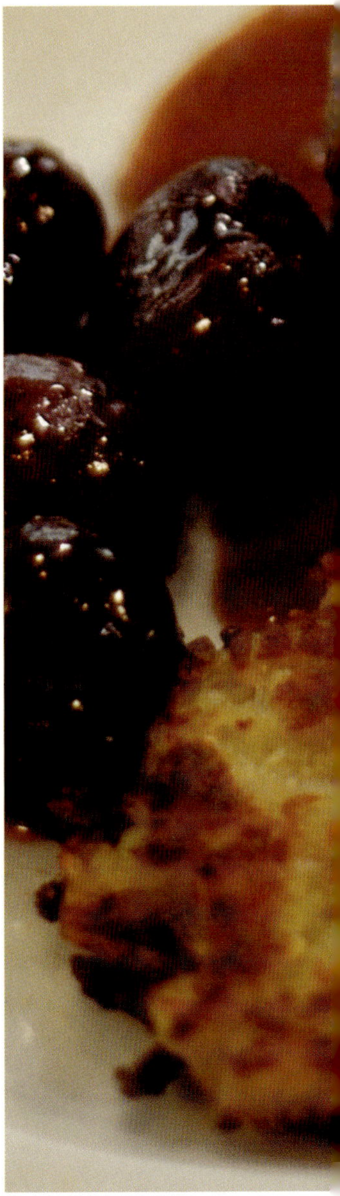

# Böhmische Reiberdatschi

**Für 4 Personen**

Zutaten:
- 500 g mehlige Kartoffeln
- 1 Knoblauchzehe
- 1 Ei
- 50 g Mehl Type 405
- 1 Prise Majoran
- Salz und Pfeffer aus der Mühle
- etwas Speiseöl

1 Die Kartoffeln schälen, fein reiben und in einem Tuch ausdrücken. Den Knoblauch schälen und mit der Messerspitze zerdrücken. Die geriebenen Kartoffeln mit dem Ei, dem Mehl, dem Knoblauch und dem Majoran vermischen und mit Salz und Pfeffer aus der Mühle würzen.

2 Etwas Öl in einer beschichteten Pfanne erhitzen. Den Kartoffelteig zu kleinen, flachen Küchlein formen und von beiden Seiten knusprig ausbraten.

# Schneekartoffeln

**Für 4 Personen**

Zutaten:
- 600 g mehlige Kartoffeln
- Salz
- 50 g Butter

Die Kartoffeln schälen und in Viertel schneiden. So viel Salzwasser aufsetzen, dass die Kartoffeln bedeckt sind. Das Salzwasser mit der Butter zum Kochen bringen und die Kartoffeln garen. Die Kartoffeln durch ein Sieb abgießen und mit einer Kartoffelpresse sofort direkt auf vorgewärmte Teller anrichten.

# Weißkraut gedünstet

**Für 4–6 Personen**

Zutaten:

- 1500 g Weißkraut
- 2 mittelgroße Zwiebeln
- 150 g Schweineschmalz
- $^1/_2$ l trockener Weißwein
- 3 Lorbeerblätter
- $^1/_8$ l Weinessig
- 2 EL Zucker
- 1 TL gemahlener Kümmel
- Salz und Pfeffer aus der Mühle
- 150 g Bauchspeck, geräuchert und gekocht

1 Die Weißkrautköpfe von den äußeren Blättern befreien, den Strunk herausschneiden. Die Krautköpfe vierteln und in Streifen von 1 bis $1^1/_2$ cm schneiden. Die Zwiebeln schälen und in feine Würfel schneiden. Das Schweineschmalz in einem Topf erhitzen und die Zwiebeln darin glasig braten. Dann das Kraut zu den Zwiebeln geben und den Weißwein darüber gießen. Die Lorbeerblätter zum Kraut geben und alles zugedeckt bei mittlerer Hitze etwa 20 Minuten weich, aber noch bissfest dünsten. Dabei das Kraut öfters im Topf umdrehen, damit es nicht am Boden anbrennt. Wenn nötig, noch etwas Weißwein zugießen.

2 Inzwischen den Weinessig aufkochen und abkühlen lassen. Den Topf vom Feuer nehmen. Essig und Zucker unter das Kraut rühren und alles mit Kümmel, Salz und Pfeffer abschmecken.

3 Den Bauchspeck in kleine Würfel schneiden, in einer Pfanne kurz anbraten und beim Servieren über das Kraut streuen.

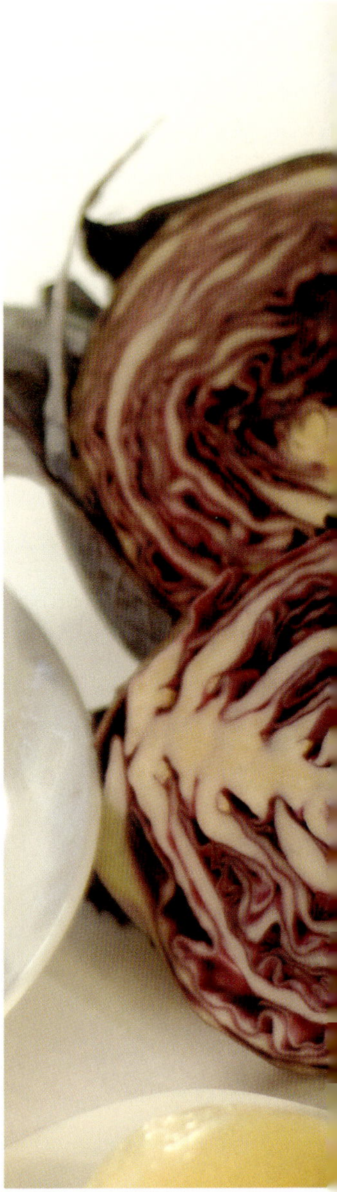

# Apfelrotkraut

**Für 4–6 Personen**

Zutaten:
- 1500 g Rotkraut
- 4 saftige Äpfel
- $^1/_4$ l schwarzer Johannisbeersaft
- $^1/_4$ l kräftiger Rotwein
- 2 Lorbeerblätter
- 5 Pimentkörner
- 5 Gewürznelken
- 10 schwarze Pfefferkörner
- $^1/_8$ l Rotweinessig
- 1 EL Johannisbeergelee
- 2 EL Zucker
- Salz und Pfeffer aus der Mühle
- 1 EL Gänseschmalz

## Tipp

Ein Esslöffel Gänseschmalz unter das fertig gegarte Rotkraut gerührt, verleiht dem Gemüse einen appetitlichen Glanz und rundet den Geschmack ab.

1 Die Krautköpfe von den äußeren Blättern befreien und vierteln, den Strunk jeweils abschneiden. Die Krautblätter in Streifen von etwa 1 bis $1^1/_2$ cm schneiden. Die Äpfel schälen und fein reiben. Das Rotkraut in einen ausreichend großen Topf geben und mit Johannisbeersaft und Rotwein begießen. Die Lorbeerblätter, Piment, Nelken und Pfefferkörner in ein Gewürzsäckchen geben und in das Kraut legen. Alles zugedeckt bei mittlerer Hitze etwa 30 Minuten dünsten. Zwischendurch wenden.

2 Inzwischen den Rotweinessig aufkochen und abkühlen lassen. Am Ende der Garzeit die geriebenen Äpfel, das Johannisbeergelee, den Rotweinessig und den Zucker zum Kraut geben und alles noch einmal kurz köcheln lassen. Das Kraut soll noch Biss haben. Das Gewürzsäckchen herausnehmen und das Kraut abseits vom Feuer mit Salz und Pfeffer abschmecken. Zum Schluss das Gänseschmalz einrühren.

# Wirsingroulade

**Für 4–6 Personen**

Zutaten:
- 2–3 Köpfe Wirsing
- Salz
- 4 altbackene Semmeln
- 1/4 l Mich
- 4 Schalotten
- 100 g Butterschmalz
- 7 Eier
- 2 zerdrückte Knoblauchzehen
- 1 TL Majoran
- Salz und Pfeffer aus der Mühle

1 Die Wirsingköpfe von den äußeren Blättern befreien und die Strünke herausschneiden. In einem großen Topf reichlich Salzwasser zum Kochen bringen und die Wirsingköpfe darin etwa 5 Minuten blanchieren. Das Gemüse aus dem Kochwasser nehmen, gut abtropfen, abkühlen lassen und fein hacken. Die Semmeln in Würfel schneiden, in der Milch einweichen und gut ausdrücken.

2 Die Schalotten schälen und in feine Würfel schneiden. Die Hälfte des Butterschmalzes in einem großen Topf erhitzen und die Schalotten darin glasig dünsten. 3 Eier trennen. Das Eiweiß mit 1 Prise Salz zu steifem Schnee schlagen. Die restlichen Eier in 8 bis 10 Minuten, je nach Größe, hart kochen. Den Backofen auf 160 °C vorheizen.

3 Den gehackten Wirsing mit den Eigelben, dem zerdrückten Knoblauch, Majoran, Salz, Pfeffer und Eischnee zu einem Teig vermengen und auf einem bemehlten Backbrett etwa 1 cm dick ausrollen. Die Teigplatte mit den gekochten Eiern der Länge nach belegen und zu einer Roulade einrollen.

4 Eine Bratreine oder eine ofenfeste Pfanne mit dem restlichen Butterschmalz ausstreichen, die Wirsingroulade hineinlegen und im Ofen etwa 45 Minuten backen. Dabei gelegentlich mit etwas heißem Wasser begießen.

# Steinpilz-Kuba

**Für 4–6 Personen**

Zutaten:
- 250 g Perlgraupen, mittelgroß
- Salz
- 3 Schalotten
- 200 g kleine, feste Steinpilze
- 100 g Schweineschmalz
- 1 Knoblauchzehe
- etwas Majoran
- etwas gemahlener Kümmel
- Salz und weißer Pfeffer aus der Mühle
- 50 g Semmelbrösel

## Tipp

Man kann dieses Gericht als kleine Mahlzeit mit einem frischen Salat genießen, es passt aber auch sehr gut als Beilage zu Wildgerichten.

1 Die Perlgraupen mit kaltem Wasser durchspülen und in Salzwasser weich kochen. Die Graupen durch ein Sieb abgießen und noch einmal unter fließendem Wasser spülen, damit sie nicht zusammenkleben.

2 Den Backofen auf 170 °C vorheizen. Die Schalotten häuten und fein schneiden. Die Steinpilze putzen und in kleine Scheiben schneiden. 80 g Schweineschmalz in einer Kasserolle erhitzen, die Schalotten darin glasig schwitzen, die Steinpilze dazugeben, leicht anrösten und alles mit den Perlgraupen vermischen. Den zerdrückten Knoblauch, etwas Majoran, Kümmel, Salz und Pfeffer unter die Masse mischen.

3 Eine ofenfeste Form mit dem restlichen Schweineschmalz ausstreichen und mit Semmelbröseln ausstreuen. Die Pilz-Graupen-Masse einfüllen, mit Alufolie bedecken und im Ofen etwa 15 Minuten backen.

# Lauch im Prager-Schinken-Mantel

**Für 4 Personen**

Zutaten:
- 3–4 Stangen Lauch
- Salz
- 50 g Butter
- 50 g Mehl
- 1/8 l Milch
- weißer Pfeffer aus der Mühle
- etwas abgeriebene Muskatnuss
- 50 g Butterschmalz
- 100 g Semmelbrösel
- 200 g Hinterschinken
- 250 g Gruyère-Käse, gerieben

1 Von den Lauchstangen die äußere Schicht abziehen, den Wurzelansatz und das Grüne abschneiden. Die Lauchstangen gut waschen und in gleich große Stücke so zuschneiden, dass sie in eine ofenfeste Form passen. In einem großen Topf reichlich Salzwasser zum Kochen bringen und die Lauchstangen etwa 5 Minuten darin blanchieren, abtropfen und abkühlen lassen.

2 Den Backofen auf 180 °C vorheizen. Die Butter in einer Stielkasserolle erhitzen, das Mehl hinzufügen und das Ganze zu einer hellen Mehlschwitze verarbeiten, mit der Milch aufgießen und unter Rühren aufkochen. Die Sauce mit Salz, Pfeffer und geriebener Muskatnuss abschmecken.

3 Eine ofenfeste Form mit dem Butterschmalz ausstreichen und mit den Bröseln ausstreuen. Die Lauchstangen mit dem Schinken umwickeln, in die Form geben und mit der Sauce begießen. Alles mit dem geriebenen Käse bestreuen und im heißen Ofen etwa 15 Minuten backen.

# Weißkrautstrudel

**Für 4 Personen**

Zutaten:
- 1 Rezept Strudelteig
- 2 Schalotten
- 1000 g Weißkraut
- 50 g Butterschmalz
- 5 g Kümmel
- Salz
- 1/8 l Weißwein
- 25 g flüssige Butter
- 100 g Schafskäse
- etwas flüssige Butter für das Backblech

1 Den Strudelteig nach Rezept (s. Seite 134) zubereiten. Die Schalotten abziehen und in kleine Würfel schneiden. Das Weißkraut vom Strunk befreien und in feine Streifen schneiden.

2 Das Butterschmalz in einem großen Topf erhitzen. Die Schalotten mit dem Weißkraut, Kümmel und 1 Prise Salz ins heiße Schmalz geben, den Weißwein angießen und das Ganze unter gelegentlichem Umrühren etwa 10 Minuten dünsten. Das Kraut durch ein Sieb abgießen und abkühlen lassen.

3 Den Backofen auf 180 °C vorheizen. Den vorbereiteten Strudelteig mit flüssiger Butter bestreichen und die Krautmasse darauf verteilen, die Ränder freilassen. Den Schafskäse in kleine Würfel schneiden und über die Krautmasse streuen. Den Strudel mit Hilfe eines Tuches einrollen, mit der restlichen Butter bestreichen, auf ein gefettetes Blech legen und im Ofen 40 bis 50 Minuten backen.

# Grundrezept: Gezogener Strudelteig

Zutaten:
- 300 g glattes Mehl
- 25 g Sonnenblumenöl
- 1 Ei
- Salz
- 10 g Butter

1 Das Mehl in eine Rührschüssel sieben und mit dem Sonnenblumenöl, dem Ei, 1 Prise Salz und $^{1}/_{8}$ l Wasser zu einem glatten Teig kneten. Den Teig mit etwas Öl bestreichen und zugedeckt etwa 30 Minuten ruhen lassen.

2 Ein großes Tuch auf der Arbeitsfläche ausbreiten. Es soll über den Rand der Fläche reichen. Das Tuch gut mit Mehl bestäuben, den Strudelteig darauf legen und mit einem Nudelholz dünn ausrollen. Dann mit bemehlten Händen den Teig von unten her anheben und von der Mitte nach außen arbeitend hauchdünn ausziehen.

# Grundrezept Kraftbrühe

**Für 1 1/2 Liter**

Zutaten:
- 500 g Ochsenmarkknochen
- 1000 g Suppenfleisch (Hochrippe)
- 2 mittelgroße Zwiebeln mit Schale
- je 100 g Karotten, Knollensellerie und Petersilienwurzel
- 2 Tomaten
- 1 Bund glatte Petersilie
- 100 g Lauch
- 2 Lorbeerblätter
- 10 g weiße Pfefferkörner
- 20 g Salz

1 Die Ochsenmarkknochen mit Wasser gut abspülen, mit 3 l kaltem Wasser aufsetzen, aufkochen und dann bei schwacher Hitze etwa 2 Stunden köcheln. Den Schaum mit der Kelle öfters abschöpfen.

2 Die Zwiebeln, das Gemüse und die Gewürze in die Brühe geben und alles weitere 45 Minuten köcheln. Die Brühe anschließend durch ein Tuch abseihen, salzen und nochmals kurz aufkochen.

3 Die Brühe kalt stellen und das erstarrte Fett mit einem Schaumlöffel abheben.

# Grundrezept Fischsud

**Für 1 Liter**

| Zutaten: |
|---|
| 1000 g Fischkarkassen (Kopf, Flossen, Abschnitte) |
| 2 mittelgroße Zwiebeln |
| 1 kleine Fenchelknolle |
| 1 Stange Lauch |
| 1/2 Sellerieknolle |
| 2 Karotten |
| 1 EL Butter |
| 1 Bund glatte Petersilie |
| 2 Lorbeerblätter |
| 15 weiße Pfefferkörner |
| 1/4 l Weißwein |
| 15 g grobes Meersalz |

1 Die Fischkarkassen 20 Minuten wässern, damit das Blut vollständig ausgewaschen ist. Die Zwiebeln schälen und in Würfel schneiden. Das übrige Gemüse sauber putzen und ebenfalls würfeln.

2 Die Butter in einem ausreichend großen Topf erhitzen und das Gemüse darin anschwitzen. Die Fischkarkassen zusammen mit der Petersilie, den Lorbeerblättern und den Pfefferkörnern dazugeben und alles mit dem Weißwein und 1 l Wasser aufgießen. Den Fischsud salzen, aufkochen lassen und bei mittlerer Hitze etwa 40 Minuten köcheln. Dabei immer wieder den Schaum abschöpfen. Den Fischsud am Ende der Kochzeit durch ein feines Sieb passieren.

CHARDONNAY
Chardonnay
VÍNO S PŘÍVLASTKEM
2002
750 ml

# Weine aus Böhmen und Mähren

Böhmen und Mähren, heute Bestandteile der Tschechischen Republik, sind für ihre hervorragende Braukunst weltbekannt. Dass es aber in Böhmen und Mähren auch eine alte Weinbautradition gibt, wissen außerhalb Tschechiens nur wenige. Die Sage berichtet, dass der mährische Fürst Svatopluk dem böhmischen Fürsten Borivoj zur Geburt seines Sohnes im Jahre 892 n. Chr. in der Burg Melnik, am Zusammenfluss der Moldau und Elbe gelegen, ein Fass Wein schenkte. Die Gattin des Fürsten Borivoj, Ludmilla, sei von dem Getränk so begeistert gewesen, dass sie in dem Dorf Nedomice, unweit der Burg Melnik, einen Weinberg anlegen ließ. Ihr Enkel, der hl. Wenzel, soll dort selbst in den Weinbergen gearbeitet und den Wein für die Messe gekeltert haben.
Der Legende nach hat der hl. Wenzel auch in den Hügeln um die Prager Burg den ersten Weinstock gepflanzt. Das Stadtviertel heißt auch heute noch »Kralovske Winohrady« – königliche Weinberge.

Die bekanntesten Weinberge von insgesamt sechs Weinbaugebieten in Böhmen liegen an Moldau und Elbe. Am Zusammenfluss der beiden Flüsse, an den Hängen unterhalb des Schlosses Melnik und den umliegenden Dörfern sowie elbeabwärts bei der Stadt Roudnice nad Labem (Raudnitz an der Elbe), werden hauptsächlich die Rebsorten Müller-Thurgau, Rheinriesling, Grüner Sylvaner, Traminer, Pinot Blanc und von den roten Sorten Pinot Noir, St. Laurent, Blaufränkisch und Blauer Portugieser angebaut.
Nach der politischen Wende im Jahre 1989 ist die Fürstenfamilie Lobkowicz in das Stammschloss Melnik zurückgekehrt, und unter der Führung von Bettina Fürstin Lobkowicz werden große Anstrengungen

*Sankt-Urban-Weinkellerei*

*Weinberge bei Velké Bílovice*

*Weinkeller in Habánské Sklepy*

unternommen, dem dortigen Wein, der in die typischen »Tintenfassflaschen« abgefüllt wird, wieder zu seinem einstigen internationalen Renommee zu verhelfen.

Am rechten Ufer der Elbe weiter stromabwärts an der »Böhmischen Pforte« (Porta Bohemica) liegt das Dorf Velke Zernoseky (Zernosek). An den Hängen oberhalb des Dorfes liegen Weinberge, deren Ursprünge in das 10. Jahrhundert n. Chr. zurückreichen. Ausgebaut wurden sie im 13. Jahrhundert von Zisterziensermönchen. Sie sind die nördlichsten Weinberge Böhmens. Angebaut werden hauptsächlich Weißweine wie Müller-Thurgau, Pinot Blanc, Sylvaner, Rheinriesling, aber auch die roten Sorten St. Laurent und Blauer Portugieser. Unweit von Velke Zernoseky, hoch über der Elbe auf einem Felsen, thront die Burg Strekov (Schreckenstein), im 19. Jahrhundert ein beliebtes Ziel für bekannte uud weniger bekannte Kunstmaler. Ludwig Richters »Überfahrt am Schreckenstein« ist die wohl bekannteste Interpretation dieses Motivs.

Südmähren hat eine wesentlich ältere Weinbautradition als Böhmen. Schon in der zweiten Hälfte des 3. Jahrhunderts brachten die Römer unter Kaiser Marcus Aurelius Probus den Weinbau nach Südmähren, die damalige römische Provinz Pannonien. Die insgesamt zehn mährischen Weinbaugebiete erstrecken sich von der österreichischen Grenze bis zur mährischen Hauptstadt Brno (Brünn).

Neben Znojmo (Znaim) und Mikulov (Nikolsburg) ist das Weinbaugebiet Velke Pavlovice das älteste und größte in Südmähren. Berühmt sind die Weine aus Habánská Sklepy bei Velké Bílovice. Habani – Wiedertäufer –, die auf der Flucht vor religiöser Verfolgung in der ersten Hälfte des 16. Jahrhunderts nach Mähren kamen, haben den Weinbau dort entscheidend beeinflusst. Angebaut werden hauptsächlich Rotweine wie Blaufränkisch, St. Laurent und Zweigelt. Sie werden in Barriques ausgebaut und zählen zu Spitzenprodukten des mährischen Weinbaus. Aber auch Weißweine wie Grüner Veltliner, Traminer, Welschriesling und Pinot Blanc haben hier eine große Tradition.

An der Südgrenze zu Österreich liegt das Städtchen Znojmo (Znaim), das nicht nur wegen seiner eingelegten Gurken berühmt ist. Die Stadt ist geradezu unterminiert mit weitläufigen Weinkellern, in denen Weine reifen, die in der dortigen Umgebung gekeltert wurden.

Mikulov (Nikolsburg) liegt am alten Handelsweg vom Süden nach dem Norden Europas. Der Kapuzinerorden und später die Fürstenhäuser Lichtenstein und Dietrichstein sorgten für den Ausbau der Weinberge in dieser Region. Hier wurden im 13. Jahrhundert die ersten Rechtsgrundlagen für einen kontrollierten Weinbau geschaffen und im Jahre 1586 im sog. »Horensky rad« niedergelegt, der die Grundlage des heutigen Weingesetzes in der Tschechischen Republik ist.

In den historischen Weinkellern des »Sommeliers Club« von Mikulov reifen unter anderen Neuburger, Sauvignon, Pinot Blanc, Chardonnay, Blaufränkisch, Zweigelt und Cabernet-Sauvignon. Auch hervorragende Schaumweine – »Bohemia-Sekt« – werden aus den südmährischen Weinen in traditioneller Flaschengärung produziert. Es gibt in Südmähren unzählige kleinere Weingüter, die gute und für die Region typische Weine keltern. Es lohnt sich, diese zu besuchen und ihre Weine zu verkosten.

# Rezeptverzeichnis



Besuchen Sie uns im Internet unter:
http://www.amalthea-verlag.de


Sämtliche Fotos von Sepp Eder, Grafenau
Umschlaggestaltung: Wolfgang Heinzel
Layout, Lektorat, Herstellung und Satz: VerlagsService Dr. Helmut Neuberger & Karl Schaumann GmbH, Heimstetten
Drucken und Binden: Těšínská Tiskárna, a. s.
Printed in the Czech Republic
ISBN 3-85002-545-4